Ao Encontro de Deus

Organizado por

Richard Carlson

autor de *Não Faça Tempestade em Copo d'Água*

& Benjamin Shield

Ao Encontro de Deus

Os diferentes caminhos da espiritualidade na visão de

S.S., o Dalai-Lama, Madre Teresa, Thich Nhat Hanh, Harold Kushner, Wayne Dier, Barbara De Angelis, Sue Bender, Jean Shinoda Bolen, Matthew Fox, Shakti Gawain, Andrew Harvey, Stephen Levine

e outros importantes autores.

SEXTANTE

Publicado originalmente em inglês em 1990 pela New World Library, Califórnia, EUA
Título da edição em inglês: *For the love of God : handbook for the spirit*

tradução
Neuza M. Simões Capelo

preparo de originais
Regina da Veiga Pereira

revisão
José Tedin Pinto
Sérgio Bellinello Soares

capa
Silvana Mattievich

diagramação e projeto gráfico
Valéria Facchini de Mendonça

fotolitos
Mergulhar Serviços Editoriais Ltda.

impressão e acabamento
Geográfica e Editora Ltda

Miolo impresso em Chamois Bulk Dunas 90g/m^2

CIP-BRASIL. CATALOGAÇÃO-NA-FONTE
SINDICATO NACIONAL DOS EDITORES DE LIVROS, RJ.

A647 Ao encontro de Deus
/ [organização] Richard Carlson e Benjamin Shield ; tradução de Neuza M. Simões Capelo. – Rio de Janeiro : Sextante, 2002

Tradução de: For the love of God : handbook for the spirit
ISBN 85-7542-011-9

1. Vida espiritual. 2. Biografia espiritual.
I. Carlson, Richard, 1961–. II. Shield, Benjamin, 1964–.

02-0184. CDD 291.4
CDU 291.4

Av. Nilo Peçanha, 155 – Gr. 301 – Centro
20020-100 – Rio de Janeiro – RJ
Tel.: (21) 2524-6760 – Fax: (21) 2524-6755
Central de Atendimento: 0800-22-6306
E-mail: atendimento@esextante.com.br
www.esextante.com.br

Sumário

Aos Nossos Pais

AGRADECIMENTOS

Gostaríamos de agradecer a todos os que fazem parte desta coletânea pela entrega generosa de seu tempo e sua sabedoria e por demonstrarem o que significa a presença da fé. Agradecimentos especiais a Don Carlson, por sua gentil colaboração, e a Tara Carlson, por seu amor. E nós dois agradecemos um ao outro por provarmos que o melhor amigo pode ser o melhor parceiro.

PREFÁCIO

PREFÁCIO

Para aqueles que desejam trilhar um caminho espiritual, Benjamin Shield e Richard Carlson reuniram os depoimentos de alguns dos mestres mais conhecidos no mundo. Embora os autores tenham origens diversas, suas respostas às questões sobre as relações com Deus e com a vida possuem muito em comum.

Para algumas pessoas, a palavra "Deus" é limitadora; para outras, é letra morta. Sua Santidade, o Dalai-Lama não usou em seu artigo a palavra "Deus", mas o que disse me tocou de modo tão marcante quanto os depoimentos de outros que escreveram explicitamente sobre Deus. Sua Santidade, ao falar da importância da bondade, compaixão e tolerância em nossas vidas, da harmonia entre corações e mentes e da sustentação espiritual, é tão claro e simples, que esses conceitos chegam diretamente ao centro da alma.

Eu tive a felicidade de um contato com Sua Santidade durante a filmagem de um programa especial para a televisão como parte do nosso projeto "Children as Teachers of Peace" (Crianças, mestres da paz). Ali estava um ser humano que vivencia os ensinamentos que prega. Ele demonstrou a todos nós o que é amor incondicional, paz interior, alegria, bondade, compaixão, tolerância e unidade com o universo.

Ninguém precisa acreditar em Deus ou usar a palavra "Deus" para experimentar a Unidade. Quando nosso ego e nosso intelecto predominam, tentamos organizar e traduzir em palavras os conceitos relativos a Deus, fazendo surgir um sentimento de separação. Não é o que acontece nesses textos: a beleza desta coletânea que reúne o saber espiritual de alguns dos mais importantes líderes da atualidade demonstra que todos têm um objetivo comum: fazer da humanidade uma só família, celebrando a nossa Unidade, e não a nossa separação.

O que importa realmente são os nossos pensamentos, ações e modo de viver, e não as palavras que dizemos. Quando acreditamos que a essência do ser é o amor, que a nossa verdadeira identidade é espiritual, fica mais fácil entender que todo relacionamento é uma oportunidade de experimentar a luz do amor e saber que o que vemos não passa do nosso próprio reflexo.

As diferenças de percepção em relação ao significado da palavra "Deus" têm causado não apenas separações, mas inúmeras guerras. Quando, porém, procuramos dedicar amor aos outros, conseguimos perceber que o objetivo de todo relacionamento é enxergar no nosso próximo a luz do amor. Espero que a leitura deste livro reacenda a luz que existe em seu interior e guie você até aquele lugar de paz presente em cada coração.

Ao nos lembrarmos de quem somos, do que somos e do objetivo que temos, estendemos o amor incondicional e o perdão a todos os nossos relacionamentos e entramos em harmonia com o universo. Quando um relacionamento difícil se resolve, o mundo cresce em luz e paz. A consciência da nossa Unidade vai se fortalecendo à medida que as ilusões da separação começam a enfraquecer. Para experimentar o Amor como nossa única realidade, o que temos de fazer é distribuir Amor constantemente e agradecer por essa dádiva que o Criador nos concedeu.

GERALD G. JAMPOLSKY, M.D.
Fundador e consultor do Center for Attitudinal Healing
Sausalito, Califórnia

Primeiras Palavras

Nosso relacionamento com Deus é o relacionamento que temos com nós mesmos, porque o divino que existe em nós é a nossa verdadeira essência. A idéia de separação de Deus não passa de uma ilusão da consciência.

Mas é uma ilusão poderosa que nos deixa perdidos. Muitas vezes temos a sensação de ter vindo de um outro lugar, de pertencer a um outro mundo de que não conseguimos nos lembrar.

Livros como este são mapas que mostram o caminho de volta para Casa, que nos transportam até o nosso eu essencial. Livros como este nos fazem perceber quem somos e nos permitem sentir, finalmente, a paz desta consciência.

Sem uma conexão consciente com o amor, a vida fica ameaçada pelo medo. Este é um livro sobre um Deus amoroso. Quando abraçamos esse Deus de amor, o medo desaparece. Passamos a perceber que a parte de nós que diz "a vida é mais do que isso" é muito real. E vamos descobrindo que estamos no caminho certo.

Vivemos um tempo de enormes transformações. Estamos abandonando a arrogância que pensa que pode tudo, para nos tornarmos pessoas que se lembram de onde vêm. Quando muita gente tiver lembrado, deixando que o amor do Deus Pai e Mãe nos livre das dolorosas ilusões da separação, estaremos redimidos e os nossos filhos estarão seguros. Que bela tarefa à nossa frente, que linda dádiva nos é oferecida. Este livro é uma das muitas formas usadas pelo espírito do amor para se comunicar conosco, para nos chamar e guiar até em Casa. Vamos agradecer e ouvir.

MARIANNE WILLIAMSON
Autora de O Valor da Mulher

Introdução

O principal objetivo desta coletânea de artigos é reafirmar o denominador comum de todos os ensinamentos religiosos: o relacionamento pessoal do indivíduo com Deus. Para isso, convocamos algumas das figuras mundialmente mais importantes no campo da psicologia e da espiritualidade e pedimos que escrevessem não sobre a religião que professam, mas sobre a relação pessoal que têm com Deus nas suas experiências de cada dia, de cada momento.

Assim como acontece com muitos leitores deste livro, foi uma bênção para nós ir em busca de uma jornada espiritual. Ela nos levou a mestres e gurus, a igrejas e sinagogas, a ler inúmeros livros e assistir a incontáveis palestras – a fazer, em resumo, tudo que pudemos para aprender mais sobre Deus e sobre nós mesmos. Nossa intenção, com esse trabalho de amor, foi contribuir para o desenvolvimento da capacidade de cada um em concretizar e cultivar um relacionamento pessoal com Deus em sua vida.

Ao Encontro de Deus foi escrito a partir da premissa de que o espírito é a base de todos os elementos da nossa vida. O fortalecimento dessa base não vem necessariamente da piedade, da obediência aos dogmas e do sacrifício, mas do reconhecimento da nossa conexão com Deus em todos os aspectos da vida.

Com isto em mente, cada autor que faz parte desta coletânea criou uma forma de expressão para sua visão espiritual.

Cada um compartilhou conosco o que é ter uma relação pessoal com Deus, como desenvolveu essa relação e como isso se manifesta em sua vida, carreira e relacionamentos. E o mais importante: os autores oferecem sua visão de como os leitores podem enriquecer sua ligação com essa fonte superior.

Embora alguns autores empreguem a palavra Deus, outros falem em Grande Espírito ou poder superior e ainda outros se refiram a Dharma, é possível perceber claramente o denominador comum que une o que poderia ser visto como crenças divergentes. É para esse ponto que este livro se dirige: uma base unificadora da espiritualidade onde todos nós nos encontramos.

Todos os colaboradores deste livro têm uma marca especial: eles vivem o que ensinam. Foi uma experiência maravilhosa trabalhar com eles, admirando sua generosa disponibilidade e sua serena paciência. Nada pediram em troca, a não ser a oportunidade de partilhar com os leitores o que consideram verdade para eles mesmos.

Uma parcela significativa da quantia apurada com a venda de *Ao Encontro de Deus* será doada diretamente às Nações Unidas. Esperamos que tenha uma influência positiva sobre muitas vidas.

RICHARD CARLSON, PH.D., E BENJAMIN SHIELD, PH.D.

Amor, Compaixão e Tolerância

Sua Santidade, o Dalai-Lama

"Amor, compaixão e tolerância não são luxos, são necessidades. Sem eles, a humanidade não sobrevive."

O amor, a compaixão e a tolerância são a essência de todas as religiões. Minha verdadeira religião é a bondade. Não importa se você é ou não uma pessoa culta, se acredita ou não em uma vida depois da morte, se crê ou não em Deus, em Buda, ou se professa alguma outra religião. O que importa realmente é viver com bondade a sua vida diária. Para quem é motivado pela bondade, tanto faz ser médico, advogado, político, administrador, operário ou engenheiro – seja qual for a profissão, a essência mais profunda da pessoa é a bondade.

Amor, compaixão e tolerância não são luxos, são necessidades. Sem eles, a humanidade não sobrevive. Se você tem uma fé ou uma religião, ótimo. Mas pode-se viver sem fé ou religião se houver amor, compaixão e tolerância. A prova mais clara do amor de uma pessoa por Deus são suas genuínas demonstrações de amor pelos outros seres humanos.

Para ter uma verdadeira consideração pela felicidade e o bem-estar alheios, é preciso adotar a atitude especialmente generosa de estar disponível para ajudar os outros. Essa atitude, que não é comum, exige muita compaixão – preocupar-se com o sofrimento alheio e querer fazer algo para aliviá-lo. Essa atitude de intensa compaixão provém de um forte senso de amor que nos faz descobrir em cada um o que ele tem de melhor e nos leva a desejar a sua felicidade, tal como faz uma mãe com seu querido e único filho. Para despertar esse sentimento de solidariedade e ternura em relação aos outros, tomem como modelo alguém que tenha sido especialmente generoso com vocês. Então, estendam sua gratidão a toda a humanidade.

É preciso sentir profundamente um real afeto pelos outros, um claro reconhecimento da condição humana que partilhamos. Ao mesmo tempo, temos que aceitar francamente todas as ideologias e sistemas como meios de solucionar os problemas da humanidade. Um país, uma nação, uma ideologia, um sistema não são suficientes. É útil ter várias abordagens diferentes na base do profundo sentimento de igualdade que une toda a raça humana. Só assim podemos fazer um esforço conjunto para a solução dos nossos problemas.

Todas as grandes religiões têm idéias semelhantes a respeito do amor, e todas partilham o mesmo objetivo de alcançar a realização humana através da prática espiritual e o mesmo efeito de transformar seus seguidores em seres humanos melhores. As religiões têm preceitos morais que visam aperfeiçoar as funções da mente e do corpo. Elas nos ensinam a não roubar, mentir ou tirar a vida de outros seres. O objetivo das regras morais comuns aos grandes mestres da humanidade é o desapego. O que esses mestres desejam é afastar seus seguidores dos atos negativos causados pela ignorância e apontar o caminho da bondade. As religiões têm a aprender umas com as outras, já que seu objetivo final é produzir seres humanos melhores, mais tolerantes, mais compassivos e menos egoístas.

O ser humano precisa tanto de alimento material como espiritual. Sem alimento espiritual, é difícil alcançar e manter a paz de espírito. A meta das religiões não é discutir qual a melhor. Durante os últimos séculos, importantes ensinamentos têm ajudado a raça humana. Portanto, é muito melhor fazer amigos, buscar o entendimento e procurar servir a humanidade do que criticar e discutir. Buda, Jesus Cristo e todos os outros grandes mestres criaram e partilharam conosco suas idéias e ensinamentos com motivação sincera, bondade e amor pela humanidade e para o benefício dela. Não acredito que esses grandes mestres criaram diferenças só para produzir discórdia. A mente humana gosta de abordagens diferentes. É uma riqueza o fato de haver tantas possibilidades para o mesmo caminho.

Pode-se entrar no budismo de duas maneiras: pela fé ou pela razão. A fé, apenas, pode não ser suficiente. Buda sempre enfatizou o equilíbrio entre o saber e a compaixão: o bom cérebro e o bom coração devem trabalhar juntos. Depositar toda a importância no intelecto e ignorar o coração pode trazer mais problemas e sofrimento para o mundo. Por outro lado, se enfatizarmos apenas o coração e deixarmos o cérebro de lado, não vai haver muita diferença entre homens e animais. Cabeça e coração devem se desenvolver em harmonia. Quando isso acontece, o resultado é o progresso material acompanhado de desenvolvimento espiritual. Corações e mentes trabalhando em harmonia vão produzir uma família humana verdadeiramente rica em paz e amizade.

Sinto que a minha missão é, onde quer que eu esteja, expressar meus sentimentos sobre a importância da bondade, da compaixão e do verdadeiro sentido de fraternidade. Ao praticar esses valores, tenho mais felicidade e sucesso. Se eu praticasse a raiva, o ciúme ou a amargura, o meu sorriso, sem dúvida, desapareceria.

Os verdadeiros causadores de problemas são a raiva, o ciúme, a impaciência, o ódio. Com esses sentimentos, não há solução. Pode até acontecer um sucesso passageiro, mas o ódio ou a raiva acabam criando dificuldades. A raiva contribui para o que parecem soluções rápidas. No entanto, quando enfrentamos os problemas com generosidade, sinceridade e boa motivação, a solução pode demorar mais a aparecer, mas é muito melhor.

Quando vejo uma pessoa pela primeira vez, não há cortinas nem barreiras em minha mente. Como seres humanos, vocês são meus irmãos e minhas irmãs, não há diferenças substanciais entre nós. Posso conversar com vocês como se fôssemos velhos amigos. Assim, podemos nos comunicar sem dificuldade, fazer contato de coração a coração. Com base em relações tão genuinamente humanas – sentimento verdadeiro, compreensão mútua – é possível desenvolver confiança e respeito entre nós. Assim, conseguimos compartilhar do sofrimento alheio e construir a harmonia na sociedade humana.

O Povo de Deus

Rabino Harold Kushner, Ph.D.

"O elemento mais importante em um relacionamento com Deus é a humildade."

Eu acredito profundamente em um Deus pessoal. Mas acredito em um ser completamente diferente de você e de mim. Na vida há algumas forças, como a da gravidade, que são impessoais: afetam a todas as pessoas da mesma maneira. Se eu e você cairmos da mesma janela, vamos de encontro ao chão com a mesma velocidade. Outras forças – amor, coragem, fome – não atuam em nós do mesmo modo.

Para mim, Deus é pessoal porque afeta cada indivíduo de uma forma diferente. Os rabinos de Midrash disseram: "Deus é como um espelho. O espelho nunca muda, mas cada um que se olha nele vê uma imagem diferente."

Eu cresci em um ambiente razoavelmente religioso. Meus pais estavam bastante ligados à sinagoga e íamos às celebrações com freqüência. Para mim, fazia parte da rotina. A família vinha em primeiro lugar, e Deus era uma espécie de acessório. Deus era o nome que dávamos às nossas atividades religiosas em família e na comunidade. Então, para mim, a religião começou não como uma série de propostas teológicas, mas em comunidade.

Rezar era tão natural quanto escovar os dentes. Aprendi a ser grato por tudo que acontecia – pela saúde, pelo sol de primavera, pela recuperação quando ficava doente, por ter pais que me amavam e protegiam. Essa prática me acompanhou pelos anos seguintes – vencendo inclusive o costumeiro ceticismo da adolescência –, durante os estudos para o rabinado e nos meus primeiros anos como rabino.

O acontecimento crucial para o desenvolvimento da minha visão de Deus foi quando minha mulher e eu soubemos que Aaron, nosso filho de três anos, tinha uma doença que faria com que vivesse no máximo até a adolescência. Esse fato contrariava tudo o que os mestres tinham me ensinado sobre como o mundo funciona, sobre como Deus trata as pessoas. Eu me vi forçado a abandonar a idéia de que, se eu fosse bom e piedoso, Deus protegeria a mim e a minha família das tragédias, deixando que acontecessem apenas às outras pessoas.

Passei por um período difícil, de dúvidas, em que tentava descobrir qual era a relação entre Deus e a doença do meu filho. Eu estava muito zangado com Deus. Sentia como se tivesse cumprido a minha parte em um acordo implícito e Ele tivesse trapaceado. Mas eu não queria sentir raiva de Deus nem me afastar Dele. A religião e o contato com Deus eram extremamente importantes para mim. Comecei a ler tudo que pude sobre religião e a morte de crianças, e foi no Livro de Jó, na versão moderna de Archibald MacLeish, que encontrei uma resposta: a idéia de "poupar Deus da responsabilidade pela desordem e as imperfeições do mundo". O que isso quer dizer é que Deus não é responsável por tudo, que algumas coisas fogem ao Seu poder e, como disse William Sloan Coffin quando perdeu o filho, "o coração de Deus é o primeiro a sofrer". As palavras de MacLeish me fizeram ler o Livro de Jó com uma ótica totalmente nova e eu acredito que foi aí que a minha consciência da presença de Deus realmente começou.

A conclusão a que cheguei foi de que Deus não manda o sofrimento, a doença, o acidente ou a tragédia. As coisas acontecem por outras razões, sejam as leis da natureza ou a crueldade e a imprudência humanas. Deus nos dá a força para sobreviver e superar as tragédias. Ele não queria que meu filhinho ficasse doente e morresse, mas me ajudou a enfrentar a doença com coragem e me deu a visão para transformar essa tragédia pessoal em um instrumento de redenção que auxiliaria outros. Eu aprendi a encontrar Deus não na tragédia, mas na capacidade da alma humana de superar e sobreviver à tragédia. Essa foi a fonte da minha experiência diária com Deus. No exercício do meu trabalho, faço visitas a hospitais, mas não saio de lá perguntando: "Por que Deus permite o câncer? Por que Deus permite o mal de Alzheimer?" Em vez disso, pergunto: "Não é incrível haver médicos e enfermeiras tão dedicados a ajudar as pessoas a vencer a doença?" Para mim, isso é um sinal da presença de Deus no hospital.

De acordo com a tradição judaica, para encontrar Deus não é preciso voltar as costas ao mundo e ficar em mística contemplação. O salmo 146 responde à pergunta: "Onde podemos encontrar Deus?" O salmo diz: "O Senhor levanta os abatidos, dá pão aos que têm fome e ampara o órfão e a viúva." Ajudando o pobre, dando casa ao sem-teto, lutando por justiça, podemos encontrar Deus. Agindo assim, atuando nas causas que Deus defende, de repente nos damos conta de que Ele se torna presente em nossa vida.

O primeiro elemento importante da relação com Deus é a

humildade – o sentimento de que a entrada de Deus em nossa vida não é conseqüência das nossas realizações, mas do reconhecimento das nossas limitações. Quando ficamos muito cheios de nós mesmos, não sobra espaço para Deus. A definição bíblica de idolatria não é curvar-se diante de estátuas, mas adorar o trabalho das nossas próprias mãos como se fosse o maior feito e fonte de valorização.

O segundo elemento é a reverência, que nós, seres humanos modernos, perdemos – o sentimento de que existe alguma coisa muito maior, para a qual a nossa experiência humana não encontra analogia ou metáfora. Parte da reverência consiste em entender que conversar com Deus é muito mais ouvir do que falar. A comunicação com Deus não é uma oportunidade para dizermos coisas que, de outra forma, Ele não saberia, ou convencê-lo das nossas qualidades. A comunicação com Deus consiste em abrir para Ele as nossas mentes, deixando entrarem Suas prioridades e Seu modo de ver as coisas. Meu mestre, o professor Abraham Joshua Heschel, disse que rezar significa aprender a ver o mundo sob o ponto de vista de Deus.

O relacionamento pessoal com Deus enriquece a vida. Primeiro, nos permite aceitar sem frustrações as nossas limitações, assegurando que os problemas que não conseguimos resolver não são necessariamente insolúveis. Segundo, sempre que precisamos, Deus nos dá a sensação do perdão, de sermos puros em nossa imperfeição. De sermos aceitos mesmo depois de causar a Ele uma decepção. Quando os judeus se reúnem para a cerimônia do Yom Kippur, o Dia do Perdão, a primeira frase da liturgia é: "Fica aqui determinado que é permitido aos pecadores fazerem parte da congregação." Essa é exatamente a mensagem que vamos buscar. Mesmo se cometemos alguns atos menos adequados, ainda somos bem-vindos para o contato com

Deus. E por último, e talvez o que há de mais importante, o relacionamento pessoal com Deus nos liberta do medo da morte. Não precisamos ter medo de que, quando morrermos, todas as nossas boas ações desapareçam.

Eu sigo as idéias do teólogo judeu Martin Buber, segundo as quais Deus nos dá o modelo de relacionamento do tipo Eu-Tu. Deus nunca vê o que podemos fazer por Ele. Ele vê como o relacionamento que desenvolvemos com Ele pode contribuir para o nosso crescimento. Assim, nos ensina a construir o relacionamento entre mulheres e maridos, com nossos filhos, vizinhos e todos os demais, com base na relação Eu-Tu, e não na exploração. Aprendemos a nos relacionar com as pessoas em busca de um crescimento mútuo, e não de explorar e obter vantagem ou lucro.

Os judeus acreditam que Deus se manifesta em todo relacionamento, e por isso não falam muito sobre o que Ele significa em suas vidas, mas sobre o significado de outros seres humanos em suas vidas, como encarnações de Deus. Podem falar, por exemplo, de situações em que estiveram deprimidos, tristes, sofrendo, e Deus chegou a eles encarnado nos amigos e vizinhos que vieram confortá-los. Não é fácil se comunicar com alguém que está deprimido, mas as pessoas que têm esse impulso encontram energia dentro de si, porque Deus age nelas. A religião judaica acredita que vemos Deus na vida e no rosto de quem nos rodeia. Então, é mais fácil ouvir um judeu dizer que encontrou Deus quando se sentia terrivelmente só e alguém veio consolá-lo do que em um momento de visão mística.

Quando alguém me procura devastado por alguma tragédia, a primeira coisa que faço é dar-lhe um abraço e segurar suas mãos, porque a mensagem que quero passar com a minha presença amiga é: "Estou aqui com você e, através do meu cuidado, Deus está com você."

Eu aprendi que "Por que isso aconteceu comigo?" não é uma pergunta, mas um grito de dor. Muitas vezes, quem sofre se sente abandonado por Deus. Eu visitei pessoas que estavam morrendo de AIDS e conversei sobre isso – se pensavam estar recebendo o castigo de Deus por seu comportamento homossexual ou pelo uso de drogas. Com muita freqüência, pensam assim, e a única coisa que posso fazer é garantir que Deus sempre se importa com elas. A mensagem mais importante que levo é: Deus não queria que aquilo acontecesse. Deus não tem raiva delas. Deus também está triste. Não é com minha teologia que faço isso, mas com o desejo de cuidar, de consolar, com minhas mãos segurando as suas mãos, com a disponibilidade de sentar a seu lado, escutar sua história e mostrar-me solidário.

O que perpetuou o judaísmo por tantos séculos, e acredito que sustenta a maioria das religiões, é o senso de comunidade, de relacionamento, de que somos uma grande família e não um simples sistema de crenças. Um adepto do judaísmo se afasta da comunidade não quando deixa de acreditar nos ensinamentos, mas quando deixa de se importar com as pessoas. Em uma reunião de família, por exemplo, você pode encontrar um primo com quem não combina em nada, mas ainda assim é seu primo. Vocês não concordam em nenhum assunto, não têm nada em comum, mas estão ligados por alguma coisa mais sólida do que uma opinião política ou literária. É assim que os judeus se sentem em relação aos outros judeus.

Quando alguém me pergunta onde está Deus, eu digo que prefiro fazer outra pergunta: "Quando é que Deus está?" Encontrar Deus não é uma questão de estar no lugar certo, mas de fazer a coisa certa. Deus entra em nossas vidas quando praticamos atos que nos fazem verdadeiramente humanos. Quando ajudamos os pobres, quando lutamos por justiça, quando superamos a exagerada importância que damos a nós mesmos, quando aprendemos a reagir com entusiasmo infantil ao sol de verão ou a uma nevasca de inverno, quando deixamos de pensar apenas em nós, quando fazemos qualquer pequeno gesto generoso, abrimos em nossas vidas espaço para Deus.

A Paz da Realidade Divina

Thich Nhat Hanh

"Quando tenho dor de dente,
descubro que não sentir dor de dente é maravilhoso.
É a paz."

Quero que você conheça um poema escrito por um amigo meu que morreu aos vinte e oito anos em Saigon, há trinta anos. Depois de sua morte, foram encontradas muitas poesias lindas escritas por ele. Esta, em especial, me deixou encantado:

Encostada placidamente na cerca,
você sorri o seu sorriso maravilhoso.
Fico mudo, e meus sentidos se enchem
dos sons da sua bela canção,
sem começo nem final.
Eu me curvo em reverência a você.

O "você" a que ele se refere é uma flor, uma dália. Naquela manhã, ele passou pela cerca, viu a flor e se impressionou com ela. Parou e escreveu o poema.

Eu gosto muito desse poema. Você pode imaginar que o

poeta era um mestre zen, por causa de sua maneira profunda de ver as coisas. Mas se tratava de uma pessoa comum, um poeta. Não sei exatamente como ou por que ele via as coisas assim, mas é exatamente dessa forma que praticamos a meditação budista, a prática da concentração. Procuramos entrar em contato com a vida no momento presente e observar atentamente o que está acontecendo. Fazemos isso enquanto bebemos chá, enquanto caminhamos, sentamos e assim por diante. O segredo é ser você, ser você de verdade. Quando somos nós mesmos, encontramos a vida do momento presente.

Existe uma outra história sobre flor que é muito conhecida nos círculos zen. Buda segurava uma flor diante de mil e duzentos e cinqüenta monges. Por muito tempo não disse nada. De repente, sorriu. Estava retribuindo o sorriso de alguém na platéia – alguém que sorriu para ele e para a flor. O nome do monge era Mahakashyapa. Apenas uma pessoa sorriu, e Buda, ao sorrir de volta, disse: "Eu tenho um tesouro de percepção e o transmiti para Mahakashyapa." Essa história tem sido comentada por gerações e gerações de budistas, em busca de um significado. Para mim, a explicação é muito simples. Quando alguém pega uma flor e lhe mostra, é porque quer que você a veja. Mas, se você se volta somente para os seus pensamentos, perde a flor. A pessoa que não está imersa em seus pensamentos, que está atenta para o momento presente, consegue encontrar a flor em profundidade. Por isso o monge sorriu.

Esse é o problema com a vida. Se não estamos aqui, vivendo plenamente o agora, perdemos tudo. Se uma criança chegar até você e sorrir, mas você estiver pensando no futuro, no passado ou em seus problemas, a criança não vai estar realmente presente para você. A técnica para estar vivo, viver simultaneamente as realidades divina e mundana, é voltar para você. A criança, então, aparece como uma realidade maravilhosa. E você pode abraçá-la e receber seu sorriso.

Todos nós queremos viver essa maravilhosa realidade, queremos viver em paz. Mas eu gostaria de perguntar: Nós somos capazes de usufruir a paz? Será que não vamos achar a paz monótona demais? Para mim, paz, felicidade, alegria e vida caminham juntas, e podemos experimentar a paz da realidade divina no momento presente. Ela está disponível, dentro e em volta de nós. Se não tomarmos contato com essa paz, como fazê-la crescer?

Quando estou com dor de dente, descubro que não sentir dor de dente é maravilhoso. É a paz. Eu precisei ter dor de dente para ser iluminado, para saber como é maravilhoso não sentir dor. A ausência da dor de dente é a paz, a alegria. Mas muitas vezes, quando não estou com dor de dente, não me sinto tão feliz. Portanto, dar atenção ao momento presente e perceber que não estou com dor de dente já pode ser um motivo de felicidade.

Conheço uma médica que ficou cega porque, durante a noite, usou o colírio errado. Foi perdendo a visão e, em alguns meses, não enxergava mais. Quando quer se lembrar do rosto de seu filho, tem que pedir que ele se aproxime para sentir com os dedos. Para ela, enxergar seria um milagre. Ela diz que estaria no paraíso se recuperasse a visão. Segundo esse critério, a maioria de nós já está no paraíso. Podemos ver o céu azul, as nuvens brancas, o riacho límpido, as flores, a beleza das crianças. Só precisamos estar conscientes de que temos olhos e ficar felizes. Um elemento de paz já está presente.

Existem tantas coisas que podem nos trazer a paz... Da próxima vez que tomar banho, preste atenção nos seus dedos dos pés. Nós não temos o hábito de olhar para eles. Quando tomamos consciência dos dedos dos pés e sorrimos para eles, percebemos como o corpo tem sido bom para nós. Sabemos que cada célula daqueles dedos poderia ter se tornado cancerosa, mas eles se comportaram bem, e isso não aconteceu. E nós nem damos atenção a eles, que nos apóiam e equilibram. Esse tipo de consciência traz felicidade.

Quando contemplamos nosso corpo descobrimos coisas assim. Quando contemplamos nossos sentimentos descobrimos que há belas sementes de sentimentos em nós. Se não nos permitirmos a felicidade e a alegria, vamos ter contato apenas com os aspectos dolorosos da vida. Temos uma tendência a olhar o errado, o falho, e dirigimos para esses aspectos toda a nossa energia e atenção, fazendo diminuir a felicidade. Deixamos de lado o que está certo, as pequenas conquistas, o que é maravilhoso em nós e em volta de nós. É excelente praticar a concentração no que não está errado.

As dificuldades que a vida traz vão diminuindo nossa capacidade de sorrir. Conheço gente que passou dez ou vinte anos sem sorrir. Por muito tempo as sementes do sorriso guardadas no fundo de sua consciência não tiveram chance de florescer. Essas pessoas só perguntavam: "O que há de errado?" Então, passar a perguntar "O que está certo? O que não está errado?" é um bom começo. Fazendo esse tipo de pergunta e prestando atenção a tudo que acalma e revigora conseguimos a cura, o crescimento, a alegria e a felicidade, para o nosso bem e de todos os que convivem conosco.

Buda falou sobre a concentração na respiração e propôs dezesseis exercícios. São exercícios maravilhosos. O primeiro é muito simples: inspire e expire dizendo mentalmente: "Inspirando. Eu sei que estou inspirando. Expirando. Eu sei que estou expirando." Apenas isso. Se você achar as frases muito longas, use somente duas palavras: "dentro, fora". Você inspira conscientemente e diz "dentro", depois expira conscientemente e diz "fora". É só.

Eu acredito que Mahakashyapa estivesse praticando essa concentração enquanto Buda segurava a flor. Por isso foi possível seu encontro com a flor. Todos os outros estavam pensando em outras coisas e seus pensamentos bloquearam o encontro. Pensar é importante, mas a maior parte do pensamento é inútil. É como se tivéssemos uma fita cassete dentro da cabeça, sempre rodando, dia e noite. Os pensamentos lotam nossa cabeça, muitas vezes nos atormentam, é difícil parar. No caso da fita cassete, é só apertar a tecla *stop*. Mas o pensamento não tem teclas. Então, quando pensamos demais, nos preocupamos, não conseguimos dormir e bloqueamos o encontro com o momento presente.

De acordo com esse método de respiração, quando inspiramos e expiramos, deixamos de pensar, porque "dentro" e "fora" não são pensamentos – são apenas palavras que ajudam a nos concentrarmos na respiração. Se ficarmos inspirando, expirando e sorrindo por alguns minutos, nos sentimos mais tranqüilos e revigorados. Nós nos recuperamos e conseguimos encontrar a flor e a criança. Não perdemos nada que esteja acontecendo no momento presente.

Inspirar e expirar é muito importante e delicioso! Quando o seu nariz está obstruído, você não consegue respirar. Quando tem asma, você não consegue respirar. Mas quando existe ar puro e nada atrapalha, como é bom respirar! A respiração é um prazer de que não posso abrir mão. Todo dia faço exercícios de respiração, e no meu pequeno quarto de meditação está afixada a frase: "Respire, você está vivo!" Só o fato de respirar e sorrir já traz felicidade. Ao respirar conscientemente, nos recuperamos por completo e encontramos a vida no momento presente. Para mim, é o Reino dos Céus. O verdadeiro milagre não é caminhar sobre as águas, mas andar sobre a terra, viver o momento presente. Com concentração, é possível encontrar Deus enquanto lavamos os pratos, observamos uma flor, olhamos nos olhos de uma criança.

Quando entramos em contato com os elementos que repousam, acalmam e curam que existem dentro e em volta de nós, aprendemos a cuidar e proteger o que os faz crescer. São elementos de paz e felicidade que estão sempre disponíveis. Se não olharmos de perto as coisas simples, para vê-las de fato, vamos achar que são banais e sem graça.

Quem não sabe viver os prazeres mais simples vai em busca de drogas, álcool, sexo desregrado e outras coisas que prejudicam, destroem o corpo, a mente, a família, fazem sofrer os filhos e netos. Se aprendermos e ensinarmos aos nossos filhos a viverem a paz do momento presente e serem felizes com os elementos de cura e tranqüilidade disponíveis, estaremos evitando esse tipo de armadilha. Só se pode encontrar a vida no momento presente. O passado já passou, o futuro ainda não chegou e se não nos voltarmos para nós mesmos no momento presente não podemos entrar em contato com a vida.

DEUS É VIDA

Shakti Gawain

*"Em nossa sociedade
criamos um estilo de vida
sedentário que pode ser uma
das razões da nossa carência espiritual."*

Deus é a força vital que tudo cria – inclusive a nós –, que continua a fluir através de nós e nos mantém vivos. Essa força vital detém poder e sabedoria totais. O nosso grau de sintonia, integração e confiança com ela corresponde ao nosso grau de relacionamento com Deus. Eu acredito que todos temos dentro de nós essa fonte de verdade com que podemos nos conectar, bastando para isso aprendermos a ouvir a nossa intuição, a solicitar a verdade mais profunda, a confiar e desejar agir de acordo com a resposta em cada momento da nossa vida.

Eu não nasci nem fui educada com essa crença. Pertenço a uma família intelectualizada, racional e não-religiosa. Quando jovem, eu pensava que Deus era uma idéia que as pessoas usavam para se sentirem melhores, apesar de não terem as respostas para as questões mais profundas da vida: "Por que estamos aqui? Como chegamos aqui? O que vai acontecer depois da morte?" Eu acreditava que a religião e as coisas do espírito eram superstições e que se alguma coisa não podia ser provada cientificamente era porque não existia.

Foi quando já estava na universidade que passei por experiências que me abriram um pouco mais para outros sentimentos e me ensinaram a confiar no momento e em mim mesma – quer dizer, na minha intuição, no meu guia interior.

Terminado o curso, comecei a viajar. Estava com pouco dinheiro e não sabia para onde estava indo ou o que ia fazer. Aquela viagem foi uma abertura metafísica para mim. Ao confiar no espírito que habitava em mim, descobri que alguém cuidava de mim e que as coisas iam se resolvendo. Quando cheguei à Índia, quase não tinha mais dinheiro, mas foi uma experiência extremamente libertadora. Em algum momento durante a viagem encontrei uma profunda conexão com o espírito.

Atravessando de barco o Ganges, o rio sagrado da Índia, tive uma experiência mística em que senti a energia do Deus Shiva. Na religião indiana existem três deuses: Brahma, o criador, Vishnu, o preservador, e Shiva, o destruidor. Shiva representa o princípio de que a vida está em constante mudança e que devemos deixar o que é velho para trás e estar abertos para o novo. Devemos sempre querer mudar. Shiva é o senhor da dança, e os indianos acreditam que é sua dança que mantém o universo em movimento.

De volta aos Estados Unidos, eu sabia que queria alcançar a consciência – o que quer que isso significasse – e o crescimento pessoal. Comecei a ler livros, consultar mestres espirituais e freqüentar *workshops* de desenvolvimento psicológico. *The Nature of Personal Reality* (A natureza da realidade pessoal) despertou em mim a idéia de que somos seres espirituais criando aqui a nossa realidade.

Eu disse a mim mesma: "Se estou criando a minha própria

realidade, então gostaria de moldar a vida do meu jeito e viver menos ao sabor do acaso." Comecei a usar técnicas de visualização criativa e afirmação. Descobri que, assim, provocava grandes transformações na minha vida e quis mostrar isso para outras pessoas. Comecei a organizar *workshops*. E foi então que escrevi *A Visualização Criativa*.

Até então, de certo modo, eu me sentia uma vítima, como se a vida fosse alguma coisa que nos acontecesse e só nos restasse fazer dela o melhor uso possível. A partir daí comecei a entender que nós realmente criamos a nossa própria realidade, o que transfere o poder para as nossas mãos. Ninguém nos faz nada. Somos nós que estamos fazendo a realidade, criando a realidade, e podemos criá-la da forma que quisermos.

Acreditar que eu sou um canal de criação para a força do universo foi uma grande mudança para mim. Decidi assumir a responsabilidade: passei a criar a minha vida a cada momento. Finalmente cheguei à conclusão de que não era eu mesma que criava, mas um poder superior que existe em todas as coisas do universo, que cria tudo e que vem através de mim (embora eu tenha alguma capacidade para canalizar ou guiar esse poder, permitindo ou bloqueando sua passagem). Eu me dou conta de que posso filtrar e diluir essa força criativa ou abrir os filtros e me tornar um canal mais poderoso.

A minha prática espiritual passou a ser a entrega à profunda, sábia e poderosa força que existe dentro de mim. Em vez de pensar em manipular a vida, meu foco mudou para "Como posso me harmonizar com a minha sabedoria mais profunda? Como posso harmonizar o meu eu, freqüentemente confuso e nebuloso, e entregá-lo à parte mais profunda de mim, que tudo sabe, para deixar que ela me leve aonde eu realmente quero ir?".

Hoje, tenho uma profunda confiança em meu guia interior.

Não é sempre que consigo entrar em contato com ele. Às vezes, sou envolvida pela confusão, por antigos padrões e mágoas, por situações que ainda preciso trabalhar. Mas cada vez mais consigo sentir, ouvir e experimentar aquele profundo sentimento de verdade e consciência. É uma inequívoca sensação de força e de amor que passa através de mim.

Esse tem sido o meu relacionamento pessoal com Deus – uma conexão com a poderosa, amorosa e sábia energia que existe em todos nós, em toda a criação. Essa é a própria força vital. Todos nós podemos ter contato com essa energia em qualquer momento da nossa vida, mas é preciso determinação e prática. É preciso dispor-se a atravessar os medos, dúvidas e mal-entendidos mais profundos.

A maioria das religiões e caminhos espirituais nos apresentam regras e estruturas de que precisamos em um certo estágio do nosso desenvolvimento, assim como as crianças pequenas precisam de regras e limites para viver em segurança. Mas chega o momento em que devemos deixar de lado as regras antigas e adotar um outro caminho com novas regras que nos abram para outro aspecto de Deus e de nós mesmos. Aos poucos, devemos alcançar um relacionamento pessoal com Deus que está além de qualquer regra e de qualquer dogma.

Para mim, a função de um bom caminho espiritual, de um terapeuta, de um mestre, um conselheiro ou guru é apoiar as pessoas, levando-as a confiarem em si mesmas e em suas conexões com o poder superior. Quando encontramos as nossas conexões não existem mais regras, porque a vida se torna uma experiência mutante, espontânea, em constante evolução. Se ficarmos presos ao que deu certo no ano anterior, na semana passada ou mesmo um minuto atrás, vamos ter problemas. A vida está sempre nos desafiando a desenvolver novos aspectos de nós mesmos, a buscar novas maneiras de confiar. Ao nos prendermos a regras, nós nos bloqueamos e impedimos o progresso. Mas se usarmos as regras apenas enquanto forem úteis e se buscarmos orientação estaremos sempre nos transformando e crescendo. Cada um de nós tem seu caminho, que não é igual ao de ninguém. Ainda assim, precisamos partilhar nossas experiências, nos apoiarmos e encorajarmos mutuamente.

Eu sempre considerei o meu corpo físico uma das mais importantes formas de me conectar com o espírito. Nosso mundo vem evoluindo para um nível mais alto de consciência, e é especialmente importante reconhecermos que Deus é a força vital na Terra, nos outros seres e nos nossos corpos. Estou começando a descobrir que a experiência pessoal de Deus é a experiência do êxtase em nossos corpos físicos.

Há muitos anos, drogas que expandem a consciência me ajudaram a ver que existe esse tipo de experiência. Mas as drogas são uma armadilha. Deve-se conquistar essa bênção por meios naturais, por qualquer coisa que nos permita sentir a força vital fluindo através do nosso corpo. Em nossa sociedade, criamos um estilo de vida sedentário que pode ser uma das razões da nossa carência espiritual. Perdemos aquela conexão alegre e espontânea que acontece quando o corpo se move pela força vital através do trabalho, do exercício prazeroso, da dança ou de qualquer outro movimento natural.

Tomar posse do próprio corpo e valorizá-lo é o oposto do que alguns caminhos espirituais tradicionais nos ensinaram: que o corpo é apenas um desvio do espírito e que devemos transcendê-lo. Mas eu sinto que o plano físico é um lugar especialmente desafiador e interessante. Acho que escolhemos estar aqui para desenvolver um outro nível da nossa própria dimensão divina na forma física. Já que aceitamos o desafio, vamos em frente! Vamos parar de tentar fugir do nosso corpo, quando a questão é olhar para dentro dele e experimentar o intenso prazer que é a vida na forma física.

Para mim, energia espiritual é o mesmo que força vital. Nossa energia espiritual está completa e intimamente ligada à nossa energia sexual, que está conectada ao coração, ao amor e à força vital. Conseguir expressar sexualmente o nosso amor é provavelmente uma das mais importantes experiências de Deus, porque é a única que consegue nos fazer atravessar os nossos recantos mais escuros e profundos para chegar à total plenitude de quem somos. Infelizmente, isso é muito complicado para nós. Só depois de trabalharmos os nossos padrões emocionais é que vai ser possível vivermos plenamente o amor sexual.

Outra importante conexão física com Deus é através da terra – a mãe de todas as nossas formas físicas. Entre em conexão com a terra. Encontre um lugar bem bonito (um parque, uma praia, uma floresta) e fique lá algum tempo sem deixar que nada interfira. Deite-se e olhe para as nuvens no céu. Sentir o corpo em conexão com a terra, recebendo a energia que vem dela, pode ser uma grande fonte de força. Chegue perto de uma árvore, ponha as mãos sobre o tronco ou abrace-o e sinta a troca de energia que acontece quando seu corpo e a árvore se conectam. Tudo que contribui para que você se conecte com seu corpo e com a terra será também uma conexão com a força vital criativa.

O Segredo Está no Centro

Wayne Dyer, Ph.D.

"Em um sentido realista, prático, minha experiência diária de Deus é, a cada momento amar, servir e doar."

Foi durante a visita que fiz com minha família à ilha de Maui, no Havaí, que minha relação com Deus passou por uma drástica mudança – quase uma explosão de espiritualidade.

Uma noite, minha mulher e eu fomos dormir aborrecidos um com o outro. No dia seguinte, acordei às cinco e meia e decidi fazer uma caminhada pela praia. Depois de andar por algum tempo, eu me sentei e comecei a meditar. Há muito me interessava pelo exercício da meditação, mas só a havia praticado esporadicamente. Aconteceu então uma coisa incrível, que mais tarde eu chamei de amor intenso, como se estivesse realmente falando com Deus, como se me encontrasse em Sua presença. Certamente fui para outro nível de consciência. Ao voltar da caminhada, contei para minha mulher o que tinha acontecido e logo tudo ficou bem entre nós.

Resolvi fazer o mesmo na manhã seguinte. Assim que comecei a meditação, senti um calor dentro de mim, como na véspera. Eu me vi conversando com Deus e recebendo mensagens sobre a natureza e o propósito da vida. A partir dessas primeiras experiências passei a fazer a mesma coisa todas as manhãs e assumi o compromisso de meditar diariamente pelo resto da vida.

O resultado dessa poderosa experiência foi a transformação da minha vida. Analisei minhas atitudes, idéias e ações em relação ao amor, à doação, ao serviço. Se não estiver amando, doando e servindo, não estarei em harmonia com as mensagens que recebi.

Passei os primeiros dez anos da minha vida em várias casas, inclusive um lar adotivo metodista e um orfanato batista. Vivenciei muita ortodoxia e muito medo. Para mim, a igreja não era dos lugares mais agradáveis. Na igreja havia um Deus assustador, com demônios rondando. A religião era um conjunto de regras e imposições cercadas de ameaças.

À medida que ia crescendo, eu me afastava da maior parte das "experiências religiosas". Meus interesses eram outros, e o máximo que eu pensava era "acho que existe alguma coisa e não sei bem o que é". Mas, durante os últimos quinze anos, meu foco e meu caminho se voltaram para o espiritual. A magnífica experiência do Havaí me mostrou que há um mundo poderoso além do que geralmente vemos – um mundo de pensamento, espírito, consciência mais ampla –, um mundo do Deus que está em tudo.

Em todas as épocas e civilizações, três idéias sobre a vida e o que existe além dela parecem se misturar. A primeira é que há um mundo infinito, invisível, além desse que experimentamos. A segunda é que esse mundo infinito faz parte de cada personalidade humana. E a terceira é que o objetivo da vida é descobrir esse mundo infinito.

Alguns dão a esse mundo infinito o nome de Deus. Outros o chamam de Krishna, Espírito, Consciência Superior, Buda ou Cristo. Na minha opinião, é importante não se prender a rótulos. Rótulos não descrevem o infinito. Afinal, ninguém consegue beber a palavra "água" ou fazer uma embarcação flutuar na fórmula H_2O. A única coisa que podemos em relação à água é experimentá-la. Thoreau disse: "Sua religião está onde estiver o seu amor." Em vez de me preocupar se sou cristão, judeu ou budista, procuro me ver como alguém que se esforça em ser como Cristo ou como Buda. Prefiro ver nesses mestres espirituais incríveis modelos de amor, serviço e doação a toda a humanidade e ao mundo.

Você não pode usar as formas que vê no mundo para alcançar o que está além da forma. É preciso se valer de outro padrão. Se você pesar uma pessoa que esteja à beira da morte e repetir a pesagem assim que a vida deixar o corpo, vai encontrar resultados iguais. A vida, a humanidade, a essência em si não podem ser pesadas. Sem vida, o corpo é apenas a embalagem que abrigava a pessoa.

Quando observo a minha aparência, vejo cabelo faltando onde eu queria que existisse e crescendo onde não era preciso. Vejo a pele flácida, menos firme junto aos ossos. Se eu pensasse que isso é tudo que sou, eu me veria como um saco de ossos se enrugando, murchando, em decadência. Mas quando experimento Deus, eu sei que estou apenas ocupando as formas que tenho hoje. Na verdade, o tempo e a idade não existem para nós: estamos além do início e do fim, além das formas e das regras que se aplicam a elas.

Entrar em contato com a parte da nossa humanidade que não cabe em formas é o que chamo de entrar em contato com Deus. Eu sei que sou um ser espiritual vivendo uma experiência humana passageira e procuro me ligar às pessoas sem me preocupar com sua forma – que chamo de "embalagem" –, mas com a parte divina que fica por trás da aparência. Quando descobrimos essa bela parte do ser humano, começamos a enxergar uma enorme harmonia na vida. Começamos a descobrir a ligação que existe entre todas as pessoas e todas as coisas. Em um sentido realista, prático, minha experiência diária de Deus é, a cada momento, amar, servir e doar. Para isso, preciso me sentir em paz comigo mesmo e cooperar com as células vivas adjacentes a mim e à humanidade.

Tudo que acontece fora de nós tem sua contrapartida dentro de nós e vice-versa. Eu sou ao mesmo tempo um ser composto de milhões de formas de vida (e todas devem estar em harmonia para que eu funcione) e uma célula do corpo total chamado humanidade. Se uma célula da humanidade adoecer, vai deixar de cooperar com a célula adjacente a ela e afetar o todo. Então, o câncer que ataca o meu corpo e o câncer que ataca a humanidade são essencialmente idênticos. As células perdem a harmonia com o todo e vão atacando as outras, deixando um rastro de destruição, até arruinarem o todo e a si mesmas.

O mundo só vai se transformar à medida que seus habitantes forem fazendo mudanças individuais no nível de consciência e, assim, experimentando Deus. A harmonia é Deus. Robert Frost disse muito bem: "Nós sentamos em círculo e ficamos fazendo suposições. Mas o segredo senta-se no centro, e sabe." Esse centro é para onde eu vou agora quando medito. Eu vou para a luz e também trago a luz para mim. Como um eixo que gira enquanto seu centro permanece fixo, Deus é o segredo imóvel no centro.

Para encontrar Deus, eu todo dia encontro um tempo para entrar em outro nível de consciência através da prece, da meditação ou de que outro nome tenha. Fecho os olhos e respiro. Eu me concentro, esvazio a mente e fico quieto até sentir o amor que se encontra dentro de mim. Quando faço isso, transcendo tempo e espaço e chego à verdadeira presença de Deus. Essa experiência concreta e diária me leva a um estado de harmonia e bem-estar que supera qualquer outra sensação conhecida.

Hoje, eu procuro estender o meu amor a todas as pessoas. Não quero mais julgar os outros por estarem acima do peso, por serem jovens ou velhos demais, por usarem um determinado corte de cabelo ou pela maneira de vestir. Quando julgamos, não definimos os outros: nós nos definimos como alguém que sente necessidade de julgar e classificar as pessoas. Minha experiência com Deus faz com que eu deseje ter como objetivo experimentar amor, aceitação e alegria incondicionais em relação a todos, mesmo aqueles que agem de maneira que acho difícil aceitar.

A atitude espiritual mais elevada que existe na vida é ver a nós mesmos em cada um dos outros seres humanos e cada um deles em nós. É desarmar-se e perceber a alegria e o sofrimento alheios como nossos, desapegar-nos da necessidade egoísta da posse exclusiva dos frutos do nosso trabalho e simplesmente enxergar cada pessoa que vive neste mundo como parte nossa. Certa vez, pediram a Gandhi que dissesse em vinte e cinco palavras, no máximo, o que considerava ser sua missão. Ele respondeu: "Bastam duas – renuncie e usufrua." Você renuncia à ligação com todas as coisas terrenas e usufrui o que Deus lhe dá. Você distribui o que tem dentro de si, o seu amor. Você não se preocupa se funcionou ou não, se está certo ou errado, se ganhou ou perdeu. Simplesmente segue o curso da vida, sem a obrigação dos resultados. E, por incrível que pareça, quanto menos nos prendemos aos resultados, mais conseguimos. É um sistema circulante: quanto mais damos, mais recebemos de volta.

Existem pessoas tão racionais e impacientes, que não se concedem o tempo necessário para encontrar Deus. Cultivar um relacionamento pessoal com Deus significa se dar a oportunidade diária de estar em contato com Ele, reconhecendo Sua presença em todas as formas. Como fazer, não importa, encontre a maneira que melhor se adequar a seu modo de ser, sem se preocupar com uma ordem predeterminada, nem em copiar as soluções alheias. Só assim você pode viver uma conexão de amor com tudo que existe no universo, e eu lhe garanto: isso lhe trará uma profunda paz e felicidade.

A Força das Pequenas Coisas

Sue Bender

"Estamos cercados por pequenos milagres.
Eles se encontram em toda a parte – em casa, no dia-a-dia
e onde são mais difíceis de enxergar:
em nós mesmos."

Estava enfraquecida e uma voz interior tentava dar um sentido à minha vida. Eu só sabia que os retalhos da colcha pareciam me chamar e dizer: "Sue, preste atenção." Foi assim que começou minha jornada espiritual, há uns vinte e cinco anos, e por acidente. Meu marido e eu tínhamos uma casa de praia em Long Island. Um dia, entrei em uma lojinha de roupas masculinas e vi em exposição aquelas maravilhosas colchas de retalhos. Fiquei impressionada.

Sou uma artista. Faço louças artesanais e estava expondo pela primeira vez em Nova York. Apesar de todos os meus compromissos, todo dia voltava à lojinha para olhar as colchas. A visão delas mexia com alguma coisa muito profunda dentro de mim. Pela primeira vez na vida, toda a minha agitação interna cessou. Todos os pedaços da minha vida – aquelas partes tão diferentes e complexas – se acalmaram. Aquele era o começo da minha jornada espiritual. Um começo bem simples.

Eu não penso em Deus com D maiúsculo. Meu foco é a vida

de cada dia, de cada momento, que pode ser, eu acredito, uma sagrada experiência espiritual. A forma externa, a prática e o rótulo talvez sejam diferentes para cada um de nós, mas de um modo profundo e abrangente eu sinto que não estamos sozinhos. Existe um *espírito,* um poder superior – o *universo* – que nos guia, nos leva até o que temos de fazer e aprender – nosso destino, nossa contribuição especial para os outros.

Depois que o meu primeiro livro *Plain and Simple* (Claro e simples) foi publicado, fiquei surpresa por começar a receber convites para fazer palestras em igrejas, sinagogas e templos – mórmons, episcopais, batistas, judeus, zen-budistas. Quando perguntei ao pastor de uma igreja presbiteriana por que tinha me convidado, ele respondeu: "Porque você fala de valores humanos, e todos precisamos que alguém nos lembre deles."

Essa resposta foi um belo presente. É isso que estou aprendendo: a me lembrar de ver com novos olhos o que existe de sagrado na vida diária. Estamos cercados por pequenos milagres. Eles se encontram em toda parte – em casa, no dia-a-dia e onde são mais difíceis de enxergar: em nós mesmos.

Plain and Simple é sobre o tempo que passei entre os Amish e o que aprendi com seu modo simples de viver. Sua vida é uma celebração do que existe de comum. Eles valorizam o trabalho – todo trabalho. Como fazem as coisas tem tanta importância quanto o que fazem.

Eu aprendi o poder de estabelecer limites. Os Amish fizeram uma escolha importante. Eles levam uma vida profundamente religiosa. Tudo que realizam é resultado de sua escolha. Eu cresci acreditando que quanto mais opções eu tivesse, melhor. Mas naquele momento eu já estava me sentindo afogada em tantas opções. Existe uma grande diferença entre ter várias opções e fazer uma escolha. Uma escolha sempre implica um ganho e uma perda. Se você faz uma escolha, tem que eliminar certas coisas, mas pode investir melhor nas que restarem. Como sempre lembro a mim mesma, *para simplificar é preciso dizer não.*

Os Amish nunca tentaram me convencer. Nunca disseram: "O nosso jeito é o melhor." Eles rezam durante cinco minutos de manhã e à noite. Pelo resto do dia, vivem de acordo com o que acreditam. Sua vida é uma coisa só – toda simples e toda sagrada. E se tornou um exemplo maravilhoso para mim.

Ao voltar para casa, tentei viver conforme o que tinha aprendido, mas foi mais difícil do que eu esperava. Um dia, me ligaram dizendo que *Plain and Simple* tinha entrado para a lista dos mais vendidos do *The New York Times.* Fiquei encantada. Naquela tarde, fui fazer compras e encontrei uma grande amiga. Toda satisfeita, dei a boa notícia. Ela nem ao menos sorriu. Sua reação foi perguntar: "Está em primeiro lugar?" Naquele momento, percebi que vivemos em um mundo onde nada é suficiente.

"Quando é que o bom vai ser o bastante?" –, passei a me perguntar.

Comecei a escrever o livro *Everyday Sacred* (Todo dia é sagrado) cheia de dúvidas. Uma voz crítica dentro de mim dizia: "Como ousa escrever um livro com a palavra sagrado no título? Você não é especialista no assunto!" Foi quando conheci Yvonne Rand, maravilhosa e sábia monja zen-budista. Eu lhe disse: "Você devia estar escrevendo este livro, e não eu." Ela me olhou com seriedade em seu rosto suave: "Sue, nós duas *podemos* escrever livros. Eu posso escrever um tipo de livro, mas existe muita gente, como você, lutando para fazer cada dia valer a pena e tentando descobrir por que nunca está satisfeita." Essa resposta me fez relaxar e continuar o meu trabalho.

Pouco tempo depois da minha conversa com Yvonne, me veio a imagem do potinho de esmolas de um monge. Não sou budista, mas confiei naquela imagem para guiar a minha jornada, e decidi passar a encarar cada dia como um pote vazio. Cada manhã seria um recomeço. Eu examinaria a minha vida sem a intenção de mudar absolutamente nada, apenas veria o que tinha nas mãos. Não tentaria me tornar a melhor em meditação ou em qualquer outra atividade. Simplesmente seria eu mesma.

Foi quando comecei a entender que "Deus" ou o "Espírito" está em tudo que nos cerca. Só temos que abrir os olhos e olhar em volta. Por exemplo: Martin é uma ótima pessoa e trabalha em minha lanchonete preferida. Por maior que esteja a fila e mais impacientes os fregueses, ele nunca perde a calma. Nunca se afoba. Faz seu trabalho com todo o cuidado. E sempre que o meu *cappucino* está pronto, acena em minha direção, pisca o olho e abre um lindo sorriso. Para mim, é um ritual sagrado. Reparar nesses pequenos acontecimentos do dia-a-dia é reparar no sagrado – com s minúsculo.

Não importa onde eu vá ou com quem fale – grupo religioso, donas-de-casa, artistas, homens de negócios –, percebo a mesma fome, o mesmo anseio, mesmo quando as pessoas não sabem ao certo do que sentem falta.

Talvez estejamos precisando apreciar melhor a beleza, notar o que há de sagrado no dia-a-dia. Para isso, é preciso uma boa dose de determinação e muita prática.

Mas não pense nem por um instante que todo dia eu acordo, olho em volta e me envolvo na mais pura felicidade – ou que estou sempre disposta a apreciar as pequenas alegrias da vida. Nada disso. Eu gostaria de estar perfeitamente consciente o tempo todo, mas não estou. Enquanto escrevia *Everyday Sacred,* eu descobri uma voz áspera, crítica, dentro de mim. Eu já convivia com aquela voz há muito tempo, mas não tinha notado sua influência sobre a minha vida. Eu não apenas ouvia, como acreditava no que aquele "juiz" tão severo me dizia. A voz julgava tudo que eu fazia.

Nem todo mundo tem um juiz tão severo dentro de si, mas muitos têm uma voz interior com o poder de abalar, de fazer com que duvidem de si mesmos e se sintam insatisfeitos sem saber por quê. Eu descobri a importância de um relacionamento diferente e mais amistoso com o meu juiz por causa de seu poder de minar a minha energia positiva. Aprender a arte da generosidade para com nós mesmos não é egoísmo. Ao contrário: confiar na nossa voz interior e nas nossas necessidades contribui para que sejamos mais generosos com os outros.

Uma das lições mais importantes que aprendi foi através de vasos quebrados. Depois de admirar um belo vaso de argila de uma amiga, fui procurar Kevin, o artista autor da obra. Ele me contou que, com muita freqüência, quando estava quase acabando um trabalho, deixava-o cair sem querer e quebrava sua obra. Ele chegou a pensar que tinha um lado destrutivo muito desenvolvido – como o meu juiz interior – que o fazia quebrar as coisas. Então, decidiu fazer um vaso, quebrar de propósito e depois juntar os pedaços. Dando voz ao seu "sabotador", viu que passou a não estragar tantos vasos.

Eu fiz um curso com Kevin. Durante uma aula, ele parou tudo e perguntou: "Alguém gostaria de quebrar seu trabalho?" Eu levantei a mão, peguei um dos potes que tinha feito e tentei quebrar batendo contra o chão de cimento. Para minha surpresa, não consegui! Assim como na vida, quando se tenta fazer uma mudança é que se vê como é difícil! Você quer, mas alguma coisa impede. Finalmente, consegui quebrar o pote ao meio, e ficou mais fácil quebrar em pedaços menores. Quando eu estava recolhendo os cacos, Kevin se aproximou e disse: "Pegue as lascas." Então, ele me mostrou como juntar os pedaços do meu pote quebrado. Eu tinha que encaixar as partes, como um quebra-cabeça, passar cola e segurar firme por cinco minutos até secar. Pedacinho a pedacinho, o pote ficou inteiro novamente.

Quando segurei em minhas mãos o pote reconstruído, compreendi. Foi incrível. No passado, não importa o quanto eu tivesse realizado, permanecia a sensação de estar faltando alguma coisa na minha vida. Só não sabia o que era. No entanto, olhando para o pote, vi que não faltava nada. Nada. Eu estava inteira.

Naquele momento entendi que isso se aplica a cada um de nós. Podemos dedicar tempo, atenção e energia às nossas imperfeições, falhas e defeitos, ou mudar a perspectiva e descobrir que são essas características que nos fazem pessoas especiais. Meu pote ficou muito mais interessante depois de colado do que antes de quebrar. Naquele momento, eu tive o que se pode chamar de "a grande sacada". Eu vi, realmente vi em cada célula do meu corpo: para ser inteira, eu não preciso ser perfeita!

Com isso em mente, o que realmente me interessa é como podemos trazer o espírito para a forma, como viver a nossa espiritualidade – não apenas falar ou pregar, mas viver. Como você traz o espírito para a vida real? Como você enfrenta as suas pequenas e grandes batalhas?

Quando comecei essa jornada, esperava por um grande milagre que mudasse drasticamente a minha vida. Em vez disso, descobri algo muito mais útil – a extrema importância das pequenas coisas. Talvez as coisas mais sagradas sejam tão difíceis de ver por serem tão óbvias. Meu filho David manda toda semana um cartão para a avó de noventa e dois anos. Isso tem uma enorme importância para ela. Todos nós fazemos coisas semelhantes ao cartão de David. É muito comum darmos pouca importância a esses pequenos atos de gentileza. Achamos que só têm valor grandes realizações ou presentes caros. Pequenos atos de gentileza fazem toda a diferença – o efeito que produzem é muito maior do que o esforço que custam.

Com freqüência me lembro de uma frase de Madre Teresa: "Não fazemos grandes coisas. Fazemos pequenas coisas com muito amor."

Saber que o que aprendi pode ser útil para outras pessoas é muito gratificante para mim. Querer sempre mais, o maior, o melhor, é a doença da nossa cultura. É um passo certo para o fracasso, um terrível desperdício de energia e boa vontade! Quando é que o bastante vai ser bastante? Quero poder dizer: "O que eu sou é suficiente. Estou fazendo o melhor que posso e é suficiente!"

Para mim, sucesso significa olhar para nós mesmos com "novos olhos" – admirar o que somos e todos os pequenos progressos e mudanças que fizemos ao longo do caminho. A partir dessa compreensão, podemos admirar os outros – exatamente como são.

DEUS PERDIDO E RECONQUISTADO

Howard Murphet

"Quando conseguirmos conhecer o nosso Deus interior, que é o nosso verdadeiro Eu, vamos reconhecer que o divino está em todas as pessoas."

Eu não consigo lembrar de um tempo em que não soubesse da existência de Deus. Mas a imagem de Deus que faço agora não é a mesma da minha infância. Minha mãe, que foi minha primeira mentora espiritual, me ensinou que Deus era um grande ser que vivia no céu. De lá, Ele via tudo que se passava na Terra, inclusive o que eu pensava, fazia e dizia. Houve uma vez, quando eu tinha uns cinco anos e morava na fazenda da família, em que fui de manhãzinha recolher os ovos no galinheiro. Havia cinco ovos, mas na volta para casa deixei cair e quebrar um. Resolvi dizer à minha mãe que só tinha encontrado quatro. Foi quando me lembrei do olho de Deus lá em cima. Ele certamente sabia quantos ovos eu tinha achado, e Seu castigo pela mentira podia ser muito pior que o de minha mãe.

Mas esse Deus, segundo me ensinaram, era onipotente e sábio. Se eu rezasse – o que sempre fazia de manhã e à noite –, Ele atenderia minhas preces e daria o que eu pedisse, desde que aquilo fosse bom para mim. Ele sabia o que era melhor. Eu achava essa afirmação meio complicada, porque não entendia a razão de Seu filho Jesus Cristo ter morrido pela humanidade, mas aceitava e sentia um grande amor por Ele.

No curso secundário, o estudo de ciências e matemática abriu novos campos e me mostrou um mundo racional. Comecei a ter dúvidas, mas não abandonei completamente o Deus da minha infância. No último ano do curso decidi que seria um sacerdote. Como muitos adolescentes, queria dedicar a vida ao bem da humanidade. Antes que o ano terminasse, porém, tinha chegado à conclusão de que, decididamente, não podia aceitar os dogmas da Igreja.

Os últimos vestígios daquele Deus da infância desapareceram durante o curso universitário. Adotei o agnosticismo. Eu sabia que não sabia, que precisava de mais provas para poder novamente acreditar sem restrições na existência de Deus. Ainda assim, sempre tive a forte sensação de que havia alguma coisa. Eu só precisava de provas e certezas.

Passei alguns anos trabalhando em jornais. Durante esse período, meu desejo de reconquistar Deus ficou em segundo plano. Desenvolvi uma ânsia de viajar, de visitar outros países, conhecer seus habitantes e costumes e experimentar tudo o que fosse possível. Achava que dessa forma poderia encontrar algumas respostas às minhas dúvidas mais profundas sobre "a vida, a morte e a eternidade". Também senti uma forte vontade de escrever. Queria divulgar, através dos livros, tudo que viesse a aprender sobre o mundo, a vida e seu significado. Sentia uma inquietação que, agora sei, era uma fome do Deus perdido.

Minhas viagens pelo mundo começaram quando fui da Austrália para a Inglaterra, pouco antes da Segunda Guerra Mundial. Quando a guerra começou, entrei para a Cruz Vermelha e mais tarde me alistei no exército britânico. Em relação ao desenvolvimento espiritual, os momentos mais importantes das minhas primeiras viagens durante a guerra aconteceram nos três meses que passei na Palestina. Que alegria estar no lugar onde Cristo viveu. A visita aos lugares sagrados, pisando o mesmo chão arenoso que as sandálias de Cristo pisaram, serviu para situar no tempo uma história que até então parecia pertencer à eternidade. O modo como fiquei tocado manifestava como a história de Cristo estava profundamente entranhada em mim. No entanto, essa experiência ainda não foi capaz de fazer reviver o Deus da minha infância.

Terminada a guerra, por uma série de circunstâncias minha mulher e eu fomos para a Índia, para a sede da Sociedade Teosófica. Por vários anos estudamos a milenar sabedoria do Extremo Oriente e da Índia, principalmente a filosofia espiritual hindu. Esse novo mundo de conhecimento me levou além das limitações da ciência moderna, que é, segundo disse um grande cientista, "como pegar uma conchinha na praia, tendo diante de si o grande oceano do desconhecido". Os ensinamentos teosóficos reconhecem um princípio inexplicável além do universo. É desse princípio divino e eterno que se origina todo o cosmo.

A Teosofia elevou minha mente a ampliou meus horizontes, mas o coração continuava vazio. O lugar daquele Deus agradável, amoroso, paternal da minha infância ainda não estava ocupado. Meu coração continuava faminto de alguma coisa mais.

Quando o anseio por alimento espiritual é bastante forte, o Divino colabora. Foi assim que cheguei à presença do mestre espiritual Satya Sai Baba. Em minha primeira entrevista com ele, fui levado a um aposento interno onde recebi um batismo de amor divino. Foi como se um óleo sagrado e morno banhasse todos os átomos do meu corpo físico, em uma experiência que produziu em mim uma importante transformação.

Mas não foi uma transformação imediata. Baba tinha quebrado a casca do meu coração árido, e recolher os cacos levou algum tempo. Aos poucos, fui chegando a um novo conjunto de valores e a um novo entendimento do destino, do significado e do objetivo da vida. O Deus perdido com o estudo voltou para mim de uma forma mais ampla, satisfazendo também o intelecto e eliminando as críticas. Através dos ensinamentos de Baba, consegui entender que o divino não tem forma e, como espírito sem forma, ocupa todo e qualquer espaço da matéria e está na totalidade do universo. Mas existe também um Deus com forma. Deus pode tomar qualquer forma, e faz isso. Quando sua presença é essencial para evitar que a humanidade se destrua, Ele toma a forma humana e vem à Terra. Isso já aconteceu muitas vezes na nossa história.

Em um sentido mais amplo, poderíamos dizer que Deus toma todas as formas que existem no universo e está, na verdade, em todas elas. Quando conseguirmos conhecer o nosso Deus interior, que é o nosso verdadeiro Eu, vamos reconhecer que o Divino está em todas as pessoas. Desse reconhecimento vem o forte sentimento de unidade com tudo o que é vida e que se expressa em forma de amor divino. Esse amor divino deve cercar tudo – não apenas as pessoas que amamos, mas também aquelas de quem não gostamos. Comecei a pensar naqueles a quem via como meus inimigos, trazendo-os para o meu coração e a minha mente, desejando perdoá-los e incluí-los em meu movimento de amor por todas as pessoas.

Há tantas idéias erradas que precisamos abandonar, tantos desejos imperiosos a controlar, a domar como cavalos selvagens e a conduzir para a direção certa, tantas emoções egoístas a dominar. No caminho de volta para a casa do Pai, que é nosso lar espiritual, nós, filhos pródigos, vamos encontrar muitas ilusões e armadilhas. Mas Sai Baba disse: "É possível chegar em casa antes do fim da vida, e é exatamente por isso que estamos aqui em um corpo – para acordar para nossa identidade divina e correr de volta para casa." Pode levar mais de uma vida, talvez várias, até que seja possível alcançar esse objetivo. Mas não importa o tempo, pois o resultado é certo. Toda alma humana vai voltar à divindade de onde veio e, voltando para onde tudo começou, nas palavras de T. S. Eliot, "vai reconhecer o lugar pela primeira vez".

O avatar Sai Baba me provou definitivamente que Deus tem as três qualidades básicas que minha mãe ensinou: onipresença, onisciência e onipotência. A explicação da onipresença de Deus se apóia no raciocínio de que, como espírito ou princípio divino sem forma, Ele está em toda parte e dentro de todas as coisas. Não existe um espaço, por menor que seja, onde Ele não caiba. É um espírito consciente que tudo sabe.

Sai Baba me demonstrou sua capacidade de ajudar pessoas em dificuldade, onde quer que estejam, antecipando-se mesmo às necessidades dos outros. Ele me fez entender e apreciar profundamente muitos aspectos da cristandade. Baba disse, por exemplo, que a morte de Cristo na cruz é um símbolo da crucificação do ego inferior e que todos nós devemos deixar que nossos egos sejam crucificados de modo que o nosso eu superior e verdadeiro possa se manifestar. Eu considero satisfatória essa explicação da morte de Jesus – ele morreu para nos mostrar o caminho.

Minha mulher e eu fomos levados a um outro estilo de vida pela influência e pelos ensinamentos do nosso mestre. Hoje, temos novos valores e objetivos. Sabemos por que estamos aqui, para onde vamos e como chegar lá. Aqueles que quiserem alcançar Deus e esse profundo entendimento do significado da vida podem realizar seu desejo, desde que sua vontade, sua inquietação divina, sua fome de alimento espiritual sejam suficientemente fortes. Então, sem dúvida, vão encontrar o guia perfeito.

O mais alto e glorioso destino da humanidade não é o céu ou o paraíso, mas a própria divindade. Lá, vamos sentir e saber quem somos e o que sempre fomos – unos com o Divino. Esse destino pleno – essa libertação do cativeiro de sofrimento e dor – pode ser alcançado nesta vida.

ABRA-SE PARA O GRANDE ESPÍRITO

Brooke Medicine Eagle

"O Espírito vive em você. Vive dentro do seu corpo, em cada célula. Você pode entrar em contato com o Grande Espírito tocando em sua própria vitalidade."

Meu relacionamento com Deus começou muito cedo. Eu fui criada em um sítio modesto e afastado, onde tinha por companhia três outros seres humanos e uma enorme quantidade de animais, além da terra, do céu e do vento. Quando criança, a minha experiência de Deus incluía tudo – todo o amor que vinha da beleza perfeita que me rodeava. Era um lugar muito bonito: montanhas em cujo sopé se estendiam bosques de faias, córregos visitados por animais selvagens e todo tipo de caça. Um dia, eu disse à minha mãe: "Eu acho que o céu é igual a este lugar, só que nele os animais falam e não têm medo da gente."

Para desenvolver um relacionamento pessoal com o Grande Espírito, você tem que, primeiro, tomar consciência de que já tem um relacionamento com o Espírito. O Espírito não é alguma coisa distante que é preciso buscar, chamar ou ir procurar no Tibet. O Espírito vive em você. Vive dentro do seu corpo, em cada célula. Você pode entrar em contato com o Grande

Espírito tocando em sua própria vitalidade. Basta olhar de forma diferente tudo o que é amoroso, bom e profundo em você. Embora sejamos uma parte mínima de Tudo Que É, estamos ligados ao todo e formamos uma unidade com ele.

É bom também desenvolver outro tipo de atenção e capacidade: tomar cada vez mais posse da vida e do que há nela de sagrado. Um dos mais velhos que morava conosco uma vez me perguntou: "Quanto tempo faz que não cantamos celebrando a vida dos grandes animais? Quanto tempo faz que não dançamos celebrando a vida das flores? Quanto tempo faz que não dançamos celebrando todas as partes da vida?" Fazia muito tempo.

Quando somos muito pequenos, estamos completamente voltados para a nossa mãe. É só o seu rosto que vemos. Aos poucos o pai vai se juntando a ela, e depois vêm os irmãos. Nossa capacidade de amar, de prestar atenção e de nos sentirmos ligados ao que se passa em volta começa a se ampliar. Cada vez somos capazes de acolher e abraçar um grupo maior. Às vezes, nossa capacidade de acolhida se expande de tal forma, que chegamos a ser o que se poderia chamar de "Mãe da Cidade". A Mãe da Cidade ama a cidade inteira, protege, guia e trabalha em favor de todos. Algumas pessoas chegam a ser "Mães de Nações", à medida que sua dedicação se estende a vários territórios. Gosto de usar essa imagem para pensarmos na Mãe Terra. Ela é suficientemente grande e tem amor bastante para nos acolher e abraçar o tempo todo. Quando concentramos nossa atenção no Grande Mistério, em Tudo Que É – que está em tudo e cuida de tudo, porque cada célula, cada partícula de matéria tem consciência –, vivemos uma experiência onisciente, onipresente e poderosa. É preciso desenvolver a capacidade de fazer isso. Quando caminhamos na direção de Deus, é para lá que estamos indo.

Quando falo de atenção, quero dizer literalmente: "Quanta atenção prestamos em nós mesmos?" Quando crianças, às vezes não conseguimos concentrar a atenção por mais de alguns segundos. Com o passar dos anos a nossa capacidade de atenção vai aumentando. No entanto, raramente nos ensinam a tratar a vida com respeito, a ampliar nossa capacidade de amar, de cuidar e de estabelecer uma ligação respeitosa com o que nos cerca. Nos tempos antigos, a principal tarefa da mulher da tribo Lakota era ensinar à criança sua ligação com tudo que fazia parte do círculo da vida. Durante os passeios, ela dizia: "Está vendo aquele esquilo? É seu irmão. Vê aquela árvore? Somos da mesma família. Esta é a sua família. Somos todos parentes."

Como eram criadas assim, as crianças da tribo se viam desde muito cedo ligadas a todos os seres e elementos da natureza, como uma grande família. Essa noção de unidade as levava a ter consciência do lado espiritual das coisas e de expandir essa capacidade à medida que cresciam.

Nós também podemos reconhecer que o Espírito vive dentro de nós, que somos parte de Deus. Quanto mais amamos a nós mesmos e nos relacionamos de coração aberto com tudo que nos cerca, mais belo fica o lugar onde vivemos. Vale a pena praticar.

O diálogo também é importante no relacionamento com o Grande Espírito. Não se trata apenas da minha comunicação com Ele. Tudo Que É também fala comigo – me dá informação, me apóia, me alimenta. É uma conexão inteiramente aberta. No Cachimbo Sagrado do povo Lakota, a parte onde o fumo queima representa a terra e tudo que faz parte da vida. O cabo de madeira representa a nossa eterna conexão com o Grande Espírito. O cachimbo tem um canal aberto por onde passam a respiração, a vibração, a energia ou os nossos pensamentos, tanto saindo como entrando. Quando inspiramos através do cachimbo, é como se sugássemos o Espírito para dentro de nós. Assim, rezando, podemos receber e enviar o que quisermos – energia, pensamento, gratidão – usando a fumaça como ponte.

O canal está aberto a qualquer um. Ninguém precisa interpretar ou interceder por nós, tornar a ponte mais aberta, mais livre, mais verdadeira, mais sagrada ou mais santa – seja padre, médico ou quem for. Nós temos um canal aberto para a nossa parte mais profunda e mais bela, que é a mesma conexão que podemos estabelecer com tudo o mais. Ninguém precisa pôr a mão sobre a sua cabeça e dizer "Tudo bem, agora você pode falar com Deus". Essa atitude sacerdotal faz parecer que você ainda não está em contato com o Espírito ou é incapaz disso. Talvez você não tenha muita prática, mas não precisa de nenhum intermediário. A ponte para o Espírito está sempre presente, aberta. Nessa ponte não há barreiras.

Pense no que aconteceria se nossas mães tivessem reconhecido que estamos ligados a tudo que nos cerca e fossem agradecidas por essa ligação. Hoje, seríamos pessoas bem diferentes.

O holograma é um ótimo exemplo de quem somos e de quem é Deus. Um holograma é tridimensional. Se você rasgar a figura ao meio, cada metade mantém sua imagem ainda tridimensional. Se você rasgar uma dessas metades ao meio, ainda vai ter a mesma imagem. Não importa quantas vezes for rasgada, a figura vai continuar lá, só que, quanto menor, menos nítida e clara.

Eu, você, somos todos pedacinhos rasgados da grande figura que é Deus, que é Tudo Que É. A figura inteira está em cada um de nós. O meu pedacinho pode parecer um pouco diferente, mas a figura inteira está dentro de mim. E o mais incrível é que, juntando meu pedacinho com o seu, com os da minha família, com os dos meus amigos e assim por diante, a imagem fica cada vez mais nítida. Quanto mais eu presto atenção ou me conecto ao que me cerca, mais definida fica a imagem para todos. Juntos, podemos reconhecer a conexão e aumentar a atenção, fazendo do lugar onde vivemos um local sagrado – um lugar que representa o círculo completo, um lugar tranqüilo em sua integridade, em sua santidade, um mundo de paz.

Um Convite para Deus

Barbara De Angelis, Ph.D.

"Para mim, o relacionamento íntimo é um dos mais poderosos caminhos que levam a Deus, porque é o caminho do coração... Seguir o caminho do coração exige uma atitude de entrega. Entregar-se não significa desistir, mas render-se a alguma coisa muito maior."

Eu só tenho um relacionamento – com Deus. Deus pode se disfarçar como meu marido, meu cachorro ou mesmo alguém que me deixe louca de raiva. Ou Deus pode chegar a mim como o vento ou a chuva. Na verdade, tudo e todos são manifestações de Deus sob formas diferentes. Meu objetivo é manter o relacionamento com Deus através de tudo que faço.

Aos dezoito anos, comecei uma jornada espiritual consciente. Estudei com muitos mestres e tentei várias estratégias diferentes, esperando encontrar a que me levaria à libertação. Finalmente, depois de vinte e cinco anos de busca constante, encontrei um meio de criar e manter esse despertar interno. Aprendi a meditar de um modo que favorece a minha relação com Deus, que me permite reconhecer Deus dentro de mim, como eu. Essa prática me proporcionou os momentos mais ricos, mais cheios de graça de toda a minha vida. No entanto, sei que cada passo foi necessário e precioso, uma preparação para o momento de reconhecer e receber a graça quando ela me foi revelada.

As pessoas são educadas com a imagem de Deus como um homem de barba branca, sempre à espreita, pronto para castigar quem se comporta mal e recompensar quem pratica o bem. Nada mais longe da verdade. Quando comecei a minha busca, estudei as tradições orientais e cheguei a uma compreensão muito mais ampla do relacionamento pessoal com Deus. Descobri que o que eu buscava era a espiritualidade, e não a religião. A espiritualidade consiste em um relacionamento pessoal com Deus. Descobri que Deus não era um ser separado de mim, alguém com quem eu só poderia entrar em contato através de um intermediário. Na verdade, eu era Deus, uma expressão de Deus, filha de Deus. Comecei a entender que não precisava procurar Deus fora de mim, e direcionei minha busca na direção certa: para dentro de mim. Quando a minha prática espiritual se aprofundou, tive a mais surpreendente revelação da sabedoria de Deus dentro de mim. Senti a unidade com Deus. Não senti Deus fora de mim, espiando, decidindo se ia me aceitar ou não. Ao contrário, Deus estava dentro de mim, se expressando através de tudo o que eu fazia.

Existe uma outra maneira, poderosa, de experimentar Deus: é pelo relacionamento com outras pessoas. A idéia mais importante que tento passar é que o principal objetivo de um relacionamento não é fazer você se sentir bem ou ser feliz. É ajudar você a crescer e chegar mais perto de Deus.

Eu acredito que um relacionamento é uma ótima oportunidade para você se dar conta dos comportamentos que prejudicam a você e aos outros e procurar substituí-los. Nada pode revelar mais como você procede do que um relacionamento íntimo. Quando você está sem parceiro – ou parceira –, é fácil afirmar: "Ando tão bem ultimamente! Sinto um amor incondicional por todas as pessoas. Tenho tanto para dar..." Mas quando você começa um relacionamento mais íntimo, daí a um mês está dizendo: "Assim não é possível! Estou enlouquecendo! Estou me sentindo um trapo!" Por quê? Porque o universo lhe deu alguém em cujo convívio são revelados aspectos de que você não gosta, tanto seus quanto da outra pessoa. Então, se por um lado existe o amor, que faz você desejar a união física, emocional e espiritual, por outro a intimidade evidencia características até mesmo prosaicas, que causam irritação e fazem você pensar: "Que jeito insuportável de mastigar! Assim, não dá."

Mas em vários momentos essas duas pessoas conseguem passar da separação à verdadeira união. Isso acontece muitas vezes quando fazem amor. Está aí o principal motivo de atração do sexo. Nesses momentos, todas as diferenças desaparecem e os dois mergulham na unidade. A unidade é o estado natural da vida, a verdade maior, a que traz uma sensação de plenitude. Mas, quando a experiência sexual termina e o êxtase e a satisfação vão embora, você pensa: "Para sentir isso outra vez, tenho que fazer sexo de novo" ou "Preciso achar alguém que me ame, para viver novamente essa unidade". O que você sentiu, porém, e o que realmente está procurando não é sexo ou um relacionamento, mas a experiência da consciência de Deus, essa extraordinária experiência de se perder no oceano do amor de Deus.

Para mim, o relacionamento íntimo é um dos mais poderosos caminhos para Deus, porque é o caminho do coração. Deus não pode ser compreendido ou experimentado através da mente. Na verdade, a mente afasta o Deus que está dentro de nós, porque a mente nos diz quem nós pensamos que somos. Eu sou escritora. Eu sou mulher. Eu sou esposa. Eu sou inteligente. O caminho do coração exige que se deixe de lado a mente, o "eu", o controle.

Seguir o caminho do coração exige uma atitude de entrega. Entregar-se não significa desistir, mas render-se a alguma coisa muito maior. A maior parte das pessoas têm uma experiência pessoal com Deus quando são forçadas a se entregar. Imagine-se de pé no topo de uma montanha bem alta. Sua mente acostumada a dizer "Sou inteligente" ou "Já conquistei muitas coisas" sente-se humilde diante de um cenário tão glorioso, de nuvens tão belas, da natureza tão maravilhosa em sua perfeição. Frente a tanta beleza, por um segundo, a mente se rende. Naquele segundo, de repente, você se enche de Deus. Você pensa que é por causa das montanhas. Na verdade, é porque você se entregou. É porque se permitiu escapar da percepção de quem é e provar da maravilha.

Às vezes, essa entrega ocorre pela tragédia. A dor é tanta, que você perde inteiramente o controle e grita: "Não agüento mais!" E, de repente, se percebe experimentando o amor, um estado de graça, ou sentindo o bálsamo curativo da paz descer sobre você.

Mas você não precisa esperar que essas experiências transcendentais aconteçam ao acaso. Com a prática, elas podem se tornar parte da sua vida diária. Há muitos anos, comecei a praticar esse exercício interior: sempre que percebia que estava desconectada por dentro, me sentindo tensa, à parte ou contraída, eu sabia que tinha perdido o eixo, esquecido quem eu realmente era. Então, parava e me fazia voltar. Eu lembrava de coisas que tinha lido ou escrito, de momentos de iluminação e descoberta. Assim, eu conseguia me desvencilhar do redemoinho que levara ao esquecimento e voltava para meu eixo. Depois de anos de prática consciente, o processo já se dá naturalmente. Não é preciso forçar.

Eu me considero muito, muito privilegiada porque, depois de trabalhar durante tantos anos sozinha, finalmente encontrei uma mestra espiritual que me ajudou a despertar a força e acender a chama que trago em meu interior. Esse despertar produziu em mim uma mudança radical. Agora, eu tenho consciência do meu Eu. Quando a minha atenção é desviada, quando se distancia da consciência de Deus que trago dentro de mim e vai em direção a alguma coisa que provoque sofrimento, em vez de me sentir como se estivesse perdida na floresta, lembro que existe uma bela e sagrada clareira onde posso viver e que, se me perder no caminho, sei exatamente como voltar.

Foi minha mestra quem me mostrou como encontrar o caminho da clareira. Um mestre é como o manual que acompanha o computador. Talvez você consiga dominar o computador sem o manual, mas vai demorar muito mais. E uma verdadeira mestra espiritual é muito mais do que uma coletânea de informações ou conhecimentos – é o fio que liga a fonte de energia dela à sua.

É importante escolher o mestre com cuidado. O verdadeiro guru respeita o aluno ou discípulo. O tratamento que dá ao discípulo não é diferente do que dá a si mesmo. A diferença é que o guru já se lembrou de quem é, e o aluno ainda não. A tarefa do guru não é nos levar a um determinado lugar, mas ajudar para que nos lembremos de nossa verdadeira identidade. Você já é Deus, amor e luz. Apenas não se lembra. O verdadeiro mestre não faz com que você pense: "Ele é tão fantástico, eu não sou nada diante dele." Para mim, o verdadeiro mestre é aquele cuja presença faz você lembrar de sua própria grandeza e entrar em contato com ela.

Vou contar uma história que, para mim, ilustra o que é essencial na criação de um relacionamento com Deus na vida diária. No verão passado, enquanto participava de um retiro, eu me juntei a milhares de pessoas que esperavam pela palestra que a minha mestra ia dar. Eu vinha de um longo período de meditação e me sentia em um estado fantástico, em perfeito êxtase. Foi quando um professor visitante começou sua apresentação. Enquanto escutava sua fala de grande clareza sobre um assunto acadêmico, um pensamento começou a se insinuar na minha mente: "Acho que essa palestra não está sendo muito útil. Ele está lendo – as palavras não vêm do coração." Não prestei muita atenção a esse pensamento crítico, mas no minuto seguinte veio outro: "Ele está citando muitas referências esotéricas que as pessoas não conhecem." Esse segundo pensamento fez minha alegria diminuir. Comecei a ficar irritada e desconfortável. Meu corpo, que durante horas tinha se sentido bem, doía cada vez mais. E então, de repente, opiniões e pensamentos críticos começaram a brotar da minha mente, um depois do outro, como baratas saindo de uma pilha de madeiras. Com horror, eu assistia ao meu ego se revelando no seu aspecto mais negativo, até que, ao fim de dez minutos, me senti aborrecida, fria, distante, vazia, triste e completamente sem amor.

Naquele momento, minha amada mestra apareceu, trazendo com ela um oceano de alegria, risos e prazer em que todos se banharam durante a hora seguinte – todos, menos eu. Não conseguia sentir o amor que emanava daquela mestra porque tinha cortado a ligação com o amor que havia dentro de mim. Estava presa a um inferno de separação que eu mesma criara e onde passei o resto da noite. Ao fim da apresentação, eu me recolhi ao meu quarto e fiquei lá durante horas me lamentando e rezando, pedindo para ser libertada da prisão que era a minha própria mente para encontrar outra vez o caminho do amor.

Essa foi ao mesmo tempo uma das experiências mais dolorosas e importantes da minha vida. Na verdade, tornou-se uma bênção maravilhosa. Durante uma hora de verdadeira tortura, eu vi exatamente como, por causa de um mínimo pensamento crítico, pude me afastar de Deus. Eu me distanciei da visão que Deus tem do amor. Eu me separei do meu próprio coração amoroso. Nunca tinha conseguido enxergar com tanta clareza como a negatividade da mente é capaz de nos afundar em nossa própria escuridão. Comparar o êxtase que eu experimentava antes com a agonia que passei a sentir, constatar essa desintegração tão rápida e impressionante mudou profundamente a minha vida.

Essa experiência me mostrou que em todos os momentos eu sou a única pessoa responsável pela minha conexão com Deus. Não é Deus que decide se vai ou não se conectar comigo, dependendo do meu bom ou mau comportamento. Depende de mim. Deus, a sabedoria de Deus, o amor de Deus, as bênçãos de Deus – o êxtase vivo – estão sempre presentes. Sou eu que me afasto de Deus quando julgo, quando cedo à negatividade, quando critico a mim e aos outros.

A partir daquela experiência, adotei conscientemente a prática de uma atitude: enxergar Deus em todas as situações, em todas as pessoas. Esta é a primeira sugestão que eu gostaria de lhe oferecer: comece a prestar atenção nos seus pensamentos negativos em relação às situações, às pessoas (inclusive você) e veja como se sente no fim do dia. Se o seu dia for pontuado de pequenos pensamentos impiedosos e sombrios, é muito provável que acabe de mau humor. Talvez as coisas nem tenham corrido mal durante o dia. Mas pode ser que você tenha deixado a sua mente à solta, como um cãozinho que mete o nariz em todas as latas de lixo.

Cada vez que tomar consciência dos seus pensamentos negativos, substitua-os por outros ligados a Deus – pensamentos de amor, de beleza, de criatividade. Instantaneamente, vai notar uma mudança no seu estado de espírito. Instantaneamente, vai experimentar a conexão com seu próprio coração, de volta à presença do Deus interior.

Trazer Deus para a sua vida é o mesmo que receber alguém na sua casa. Primeiro, você faz o convite. Se for um convite específico, é muito mais provável que o convidado aceite do que se você disser "Apareça lá em casa qualquer dia desses". Então, tome a iniciativa consciente de convidar Deus. Vá até a beira do mar, até as montanhas, a um parque, ou acenda umas velas em casa. Qualquer que seja o lugar, diga formalmente: "Meu Deus, estou aqui. Revela-te em minha vida. Não sei o que vai acontecer. Não sei se vou te reconhecer quando chegares, mas desejo um relacionamento contigo. Manda-me um sinal. Manda-me o melhor mestre. Mostra-me o caminho certo. Dá-me a sabedoria de perceber quando isso acontecer. Dá-me força e coragem para percorrer o caminho e começar a explorar o mundo invisível."

Se você rezar pedindo sinceramente para experimentar a presença de Deus na sua vida, ela virá. O universo não gosta de espaços vazios. Se você abrir espaço, Deus atende. E lembre-se: não é um Deus exterior a você. O que você ouve é o Deus interior, o seu próprio eu, que está à espera de um convite.

Feito o convite, é importante criar condições para que seja aceito – momentos em que você se abre para sentir Deus se revelando dentro de você. Para entrar em contato com Deus, faça silêncio. Se sua vida for uma correria, um tumulto, não vai sobrar tempo para o silêncio. Para se permitir escutar o que o Deus que existe dentro de você tem a dizer, é preciso abrir seus ouvidos apenas para a sua voz interior. Já imaginou percorrer uma linda trilha nas montanhas carregando uma enorme caixa de som que tocasse música em alto volume? Não daria para ouvir os pássaros, os animais, o vento. Da mesma forma, sob um constante bombardeio de sons e estímulos externos, ninguém consegue escutar as mensagens que vêm de dentro. A voz do coração é muito suave.

O silêncio completo é essencial, ainda que sejam apenas cinco minutos ao volante do carro com o rádio desligado. Tente chegar em casa, sentar-se em um local sossegado e fechar os olhos. Se quiser, acenda uma vela. Se não tiver o hábito da meditação, pelo menos preste atenção ao que se passa em sua mente e veja os espaços silenciosos entre um pensamento e outro – aí está o seu verdadeiro eu.

Pela minha experiência, a voz interior é muito suave e sutil. É preciso calma para ouvir. Ela não explode na sua cabeça nem se expressa necessariamente em palavras. É a linguagem do coração. Pode tomar a forma da vontade de falar com alguém, de fazer algum gesto generoso. Não tem lógica. Não vem com uma lista de justificativas.

Às vezes não nos damos a oportunidade de escutar o que o coração tem a dizer porque tentamos ouvir com a mente. Pensamos assim: "Eu me sentei e esperei por uma mensagem de Deus, mas só o que me veio à mente foi: 'Tenho que pegar a roupa na lavanderia', 'Minhas costas estão doendo' ou 'Preciso dar comida ao gato'." Será que Deus não está se comunicando? A questão é que esperamos uma comunicação da mente, mas essa não é a morada de Deus. A mente nos separa de Deus.

Em vez disso, tenha paciência para ouvir o coração. Já aconteceu de você ter um sentimento a respeito de um fato ou de uma pessoa, ignorar o que sentiu e depois vir a enfrentar sérios problemas decorrentes daquilo? O sentimento era uma mensagem de Deus. Respeite e considere os seus sentimentos. Mensagens, chamados e indicações estão sempre acontecendo. Basta prestar atenção. Navegue seguindo o mapa do coração, e milagres vão acontecer na sua vida. Se deixar que a sua mente o afaste do que não parece lógico, você vai perder preciosas oportunidades. O amor não é lógico. Milagres não têm lógica.

Outra prática importante é se juntar a outras pessoas que estejam seguindo o mesmo caminho espiritual. O companheirismo entre pessoas que tenham afinidade é um ímã que atrai a Graça. Quando se cerca de gente comprometida com o despertar espiritual, você começa a vibrar no mesmo nível. Vá a lugares que representem o que você procura: uma igreja, um grupo de meditação – o que lhe parecer melhor.

Finalmente, preste atenção, porque Deus pode se disfarçar de várias formas. Deus se expressa através de tudo que faz parte da criação. Todo o universo serve de porta-voz para Deus. Quando o vento soprar suavemente sobre você, sinta as carícias de Deus. Quando um amigo beijar você, sinta o beijo de Deus. Quando um cão receber você com entusiasmo, receba a saudação de Deus. Quando o calor do sol envolver você, sinta o brilho de Deus. A verdade é que a Graça já está presente na sua vida. Sempre.

Vivo com Deus

Padre William McNamara

*"Estar vivo é amar.
Aqueles que vivem com mais ousadia,
criatividade e admiração são
os grandes amantes do mundo."*

Dirijo um convento carmelita em Crestone, Colorado. Como passamos a maior parte do tempo em solidão, a nossa vida em comunidade é muito importante. Algumas pessoas entendem mal a solidão e pensam em isolamento. Mas é exatamente o contrário: o genuíno estado de solidão nos leva ao centro do nosso ser, onde é possível entrar em contato com qualquer outra criatura do mundo. Uma comunhão dessa qualidade não pode ser alcançada em meio a uma multidão. Ao emergir do silêncio, vivemos o verdadeiro encontro com o outro, a relação pessoal e apaixonada, a presença. Por isso, toda a vida espiritual pode ser resumida em três palavras: pessoa, paixão, presença.

No convento, o coração de todas as nossas práticas, exercícios, disciplinas e das poucas regras acha-se ligado ao fato de estarmos o mais possível conscientes da existência de Deus. Todo o nosso ser fica completamente voltado para a presença de Deus: intelecto, vontade, instintos, emoções.

Mas mesmo na solidão, a concentração não vem naturalmente. Para me concentrar, acordo às quatro e meia da manhã e começo a agradecer a Deus pelo novo dia, por mais uma oportunidade de descobri-Lo, apreciá-Lo e servi-Lo com reverência. Depois agradeço por Sua obra e graça, por ser um instrumento de Seu poder e paz na minha comunidade e no mundo. Estou certo de que a vida de oração e penitência produz transformações não apenas no meu ambiente visível e imediato, mas também em outros mundos com que nem sonho.

Um dos meus filósofos favoritos, o grande autor americano Henry David Thoreau, disse que daria um prêmio a quem conseguisse viver um único dia refletidamente – viver com concentração. A finalidade da minha rotina matinal é preparar-me para viver o dia refletidamente – estar tão centrado, que chegue a um estado de envolvimento, fascinação e encantamento pelo Mistério que permeia e impregna toda a natureza, as pessoas, a realidade.

Uma das piores coisas que podemos fazer é nos deixarmos apenas levar pelos acontecimentos. Antes de começar o dia, é importante pensarmos em nós mesmos como guerreiros e nos unirmos para construir o bem no mundo. É a melhor forma de nos sentirmos unidos a todos os seres da Terra. O silêncio e a solidão formam a melhor atmosfera para o combate apocalíptico contra qualquer mal que queira dominar o mundo.

Gente verdadeiramente religiosa não é obrigatoriamente suave, sobrenatural, nem se encaixa em qualquer estereótipo. Simplesmente está mais viva. A vitalidade é fundamental. Assim como o amor. Estar vivo é amar. Aqueles que vivem com mais ousadia, criatividade e admiração são os grandes amantes do mundo. O objetivo básico da vida monástica é criar um ambiente para os que amam. Uma razão para adotar o celibato é tornar-se um grande amante. Embora tenhamos renunciado a certos aspectos genitais da sexualidade, nós não a reprimimos – apenas refinamos e canalizamos essa energia para aspectos criativos e expressões de amor de outro tipo. A única razão para renunciar a um determinado prazer é viver mais exclusivamente o indescritível prazer da companhia de Deus.

Quando vou à cidade, as pessoas me perguntam: "Como é voltar para a vida real?" E eu respondo: "Como? Pois se eu nunca me afastei dela!" Não gosto de fazer distinção entre o mundo profano e o mundo sagrado. Só existe um mundo. O que há são graus e camadas da realidade nesse mundo único. Quanto mais perto chegamos do centro, do coração das coisas, mais encontramos Deus. Se eu chegar ao coração da união entre duas pessoas, ao coração de uma bela mulher ou ao coração de um cachorro, eu encontro Deus. Deus está no coração de todas as coisas.

São três os passos que levam a um relacionamento com Deus: meditação, prece e contemplação. Reserve uma parte do dia, interrompa toda a rotina, entre em um ambiente de silêncio e solidão e medite. Santa Teresa definiu meditação como uma conversa de coração para coração com Deus, nosso Pai que nos ama. Serem reconhecidas e amadas – é isso que as pessoas procuram quando meditam.

No segundo passo, a meditação se transforma em prece e você fala com Deus.

A prece é um grito do coração. Você grita a sua verdade interior. Pode ser um grito de alegria, de dor, de tristeza, de loucura – mas é sempre um grito do coração. Deus se torna o principal, o agente. O poder e o espírito de Deus inundam você.

E vem o estágio final: a contemplação – em que você apenas descansa. Os grandes teólogos escolásticos descrevem a contemplação como intuição pura do Deus carregado de amor. Quando chega a esse ponto, você não precisa dizer nem fazer mais nada. O amor alcança e toma conta de você. Com a verdadeira contemplação os esforços são recompensados e os efeitos duradouros.

A ação sem a contemplação é cega. Eu faço críticas à ação sem contemplação que se vê na política e na vida universitária hoje em dia. Durante a universidade, a maioria das pessoas perde o relacionamento com Deus. Perde a fé, a humanidade, a sanidade, porque ficam saturadas de dados e informações, nunca alcançando a compreensão, o saber, nunca penetrando no Mistério. A vida se transforma em uma série de problemas a serem resolvidos, em vez de constituir um Mistério a ser vivido. São poucos os que reservam uma parte fundamental do dia para se dedicar apenas a entrar na câmara do amor e deixar que Deus se revele e em seguida os mande de volta a seus afazeres, imbuídos de Sua força, Seu fogo e Seu amor, transfigurados, iluminados e iluminando com a luz incandescente do espírito.

Deus é surpresa. Ele sempre nos surpreende. Ele não é nada do que imaginamos. Deus nos transforma de maneiras que sequer sonhamos. Uma freira veio da Flórida durante a estação das chuvas para fazer um retiro em nosso convento. Queria intensificar a rotina piedosa que já cumpria, sem saber que essa rotina era o pior inimigo de sua transformação. Queria mais leitura religiosa, mais conversas sobre religião, mais meditação.

Fomos buscá-la no aeroporto em nosso trator, e ela teve de percorrer mais de cinqüenta quilômetros de uma estrada precária, em um reboque aberto, debaixo de chuva torrencial em plena floresta! Ficou no convento durante um mês e, ao se despedir, disse que sua experiência religiosa não tinha sido a leitura, a meditação, o diálogo ou qualquer coisa que tivesse planejado, mas a viagem de trator toda encharcada! É assim que Deus faz.

Deus não é bonzinho, não é um mascote, nem um velhinho. Deus é um terremoto. Se entrarmos em Sua caverna, vamos encontrar um leão. Deus é amor, mas, por não ter fronteiras ou limites, é imprevisível! Ninguém pode ser rotineiro ou trivial em relação a esse amor. Não podemos reduzir Deus às nossas próprias medidas ou ao nosso controle. Não podemos dominar Deus nem lidar com Ele do jeito que queremos. Devemos ser arrebatados pela leonina surpresa de Sua presença apaixonada.

Despertando para o Dharma

Joseph Goldstein

"Cultivar a concentração ativa,
momento a momento,
é o caminho do despertar."

Eu tive o primeiro contato com o budismo e a meditação quando fui à Tailândia. Na primeira vez em que me sentei para meditar, foram só cinco minutos, mas, apesar do curto espaço de tempo, foi uma experiência estimulante e transformadora. Abriu-se uma nova oportunidade de entendimento. Eu vi que quase tudo que tinha estudado até então era superficial. A meditação mudou o foco da minha atenção, me deu a certeza de que existe realmente um caminho através da experiência interior, e isso se revelou de um modo com que eu não tinha sequer sonhado.

Para mim, a palavra "Deus" se refere a alguma coisa muito diferente do que ensinam as mais variadas tradições. O budismo não possui uma noção de Deus como um ser exterior. Na tradição budista, a palavra que mais se aproxima da tradução de Deus é Dharma, que significa "Verdade" ou "Realidade". Isso inclui tanto a verdade ou a realidade das nossas experiências diárias quanto a verdade transcendente do que não é condicionado, do que está além dos fenômenos conhecidos, além das nossas formas de pensamento normais.

A maior parte da humanidade tem a tendência de nomear e rotular as suas experiências, confundindo os conceitos com as próprias experiências. A prática do Dharma tem como objetivo uma perfeita compreensão de cada momento, um estado em que se pode ver por trás dos conceitos, enxergando com clareza as coisas como realmente são. Se, por exemplo, eu estiver sentado meditando e meu corpo começar a doer, pelo meu modo usual de percepção vou pensar "Minhas costas doem" ou "Meu joelho está doendo". Assim, crio um conceito de joelho ou costas, bem como o conceito de que estou sentindo dor. Em uma conexão íntima com o Dharma, no entanto, eu deixo de lado esses conceitos e me entrego à sensação simples que está surgindo em meu corpo.

Quando abandono os conceitos, eu percebo as minhas experiências de modo diferente, sobretudo durante os períodos de intensa meditação. Vamos imaginar que eu esteja olhando para a minha mesa. Ao nível do conceito, eu vejo a mesa. Ao nível da percepção direta, eu vejo cor e forma. Mas ao nível da consciência profundamente concentrada, eu vejo uma realidade que não está normalmente disponível para a percepção comum, como se eu estivesse olhando através de um microscópio eletrônico, tornando visível outro aspecto da realidade. Nesse nível especialmente profundo, vemos os elementos em constante mutação, sem uma estrutura sólida, continuamente aparecendo e desaparecendo – nascendo e morrendo. Não existe absolutamente nada que seja estático, seguro ou substancial dentro dos elementos. Observando a mente e o corpo sob essa ótica, chegamos a um tipo de compreensão diferente. A noção do eu e da solidez do corpo desaparecem completamente.

Quando essa compreensão é praticada continuamente, entramos em uma conexão cada vez mais profunda com a Verdade ou Dharma. Essa conexão causa um profundo equilíbrio da mente, através do qual conseguimos experimentar o que não pode ser percebido pelos sentidos e pela própria mente. É o que o budismo chama de "Não-Condicionado" ou Nirvana. É difícil traduzir essa experiência transcendente, porque não há palavras que expressem o que não percebemos através dos sentidos. Quando a mente alcança um certo ponto de equilíbrio, pode se abrir para o que está além do processo de constante transformação dos elementos físicos e mentais, alcançando um local de calma, silêncio e paz. É o que Buda chamou de "o que não nasce, o que não morre". Ele disse que lá não existem terra, ar, água ou fogo, nem pode haver comprimento, largura, mudanças ou imperfeições. É nesse espaço que conhecemos a verdadeira natureza do Dharma, e sabemos isso quando estamos seguindo o caminho que leva a essa compreensão.

As minhas profundas experiências com o Dharma mudaram o ponto de referência para a maior parte dos aspectos da minha vida diária. Antes, as experiências se referiam a um eu, a alguém. Por exemplo: "Eu penso" ou "Eu estou zangado, feliz". Em tudo havia o "eu". Agora, as experiências se parecem mais com simples "fenômenos que vêm e que passam", sem ninguém para quem aquilo está acontecendo.

Um breve ensinamento de Buda expressa bem essa idéia: "No que é visto existe apenas o que é visto, no que é ouvido existe apenas o que é ouvido, no que é sentido (pelo cheiro, gosto e toque) existe apenas o que é sentido e no pensamento existe apenas o que é pensado."

Quando deixamos de criar o conceito do eu ligado a qualquer

experiência, surge uma incrível simplicidade. A vida se identifica muito menos com qualquer pensamento, sensação, emoção ou situação como sendo eu. Não ficamos mais aprisionados pela estreita e apertada construção do eu. A partir daí, nossas experiências se tornam muito mais amplas e tranqüilas.

O processo de compreensão do desapego do eu é progressivo. Forças como a ambição, a raiva e o medo ainda podem vir à mente. Talvez haja uma identificação momentânea com esses elementos. Embora a raiz da idéia do eu tenha sido cortada, ainda há muito trabalho a fazer no caminho espiritual para viver em completo desapego. Essa é a tarefa contínua da prática espiritual diária.

Cultivar a concentração ativa, momento a momento, é o caminho do despertar: dar um passo, parar, procurar uma porta. Quando não estamos concentrados, as coisas acontecem de modo diferente. Podemos passar pelas atividades diárias completamente perdidos em pensamentos sobre o passado ou o futuro, sobre nossas esperanças, preocupações e ansiedades – sem estarmos realmente presentes. Com um pouco mais de concentração, podemos estar presentes em nossos corpos, mas ainda com a sensação de "Eu estou de pé", "Eu vou me sentar" ou "Eu vou fazer tal coisa". Embora estejamos mais presentes, ainda persiste a sensação de que alguém sólido e imutável se encontra ali. Em um nível mais profundo de concentração, em que a nossa atenção é muito cuidadosa e deliberada, se nos dirigimos para uma porta, começamos a sentir não como "eu estou chegando", mas como uma série de sensações em constante mudança. Mesmo no movimento mais simples podemos ver muitas coisas, muitas sensações diferentes indo e vindo – fenômenos que vêm e que passam – sem o conceito do eu.

Existem vários caminhos para a busca de um relacionamento pessoal com o Dharma. Um caminho tradicional consiste em se afastar do mundo, se tornando um monge ou uma monja, ou alguém voltado apenas para a religião, para a renúncia, mudando completamente o estilo de vida. Essa opção, porém, não é viável para maioria das pessoas.

Uma coisa que vem se tornando freqüente e que eu acho que funciona bem para muitos são os retiros para a prática intensiva da meditação. As pessoas começam com um retiro de fim de semana e chegam a períodos de dez dias a um mês. Durante o retiro, elas se dedicam em tempo integral à prática intensiva: de dia, fazem a meditação sentadas, alternando com a meditação aliada às caminhadas. Não existe outra atividade: nem leitura, nem conversa, nem estudos. Tudo se faz em silêncio. Em nossa cultura acelerada, o retiro funciona como um contraponto e uma oportunidade de explorar os nossos aspectos geralmente ocultos e ignorados. O retiro nos dá espaço para desenvolver significativamente o poder da mente e a capacidade de concentração. O desafio está em aprender a integrar os dois aspectos da nossa vida: como sair da meditação intensiva do retiro e trazer para a vida diária a verdade que conseguimos perceber dentro de nós.

Essa integração é um processo contínuo. A cada novo retiro, aperfeiçoamos mais a nossa prática e, de volta ao mundo, experimentamos integrar o que aprendemos ao nosso cotidiano. Eu faço isso uma ou duas vezes por ano. Com o tempo, a integração vai aumentando e passamos a vivê-la de forma cada vez mais profunda em nossa vida diária. É assim que incorporamos a nós a Verdade: trazendo-a a cada dia para a vida, com base nas nossas mais profundas experiências do Dharma.

Graça, Gratidão e Experiências Sagradas

Jean Shinoda Bolen, M.D.

"Cada momento sagrado me transmite uma sensação de plenitude, de ter um lugar no universo e de minha presença nele possuir um significado."

Em cada dia da minha vida sou tomada por profundos sentimentos de gratidão ao me dar conta de como sou privilegiada e de como não fiz nada para merecer todo esse privilégio. Ter consciência disso já é uma dádiva, pois me faz sentir "agraciada" ou abençoada a cada momento. Quer um exemplo? Diariamente, indo para o trabalho, passo por um túnel, já antecipando a beleza que vou encontrar do outro lado. Ao sair, estende-se à minha frente o esplendor da baía, o sol cintilando na água do mar, o perfil da cidade ao fundo. Suspiro de êxtase e agradeço o momento especial de beleza que estou vivendo.

Meus filhos me despertam sentimentos de gratidão ainda mais profundos. Uma sensação intensa me enche o peito quando penso neles e os vejo em suas descobertas e crescimento. Para mim, eles nunca foram uma parte corriqueira da vida. Quando nasceram, o milagre da vida me marcou para sempre. Ainda me lembro de como fiquei admirada ao ver a perfeição das suas mãozinhas com unhas tão pequenas completamente formadas e da sublime experiência que era alimentá-los e atender suas necessidades.

Quando consigo ajudar alguém com meu trabalho, quando tenho uma visão da alma de um cliente e mais uma vez percebo o quanto é profunda a psique humana, eu me sinto privilegiada. E quando escapo de algum perigo comemoro literal e fisicamente o fato de estar viva e a salvo. Sentir essa gratidão por existir é como cantar uma canção de agradecimento e ouvir uma resposta em que a divindade se faz presente.

Quando houve um terremoto em São Francisco e a maioria dos habitantes não sofreu nada, toda a comunidade agradeceu de coração e agiu com solidariedade. As pessoas comparavam o que tinha acontecido com o que poderiam ter perdido e se sentiam profundamente gratas. Mas por que tem de acontecer um desastre para nos darmos conta dos nossos privilégios?

À medida que fui amadurecendo, minha consciência de que coisas ruins acontecem aumentou. Os casos que encontrei na faculdade de medicina e meu trabalho como psiquiatra só fizeram crescer essa consciência. Não sei se existe uma resposta para a pergunta "por que eles e não eu?". Só sei que o fato de assistir ao sofrimento e à infelicidade dos outros faz com que, quando me acontecem coisas ruins, eu saiba que isso também é parte da vida, que é minha vez de sofrer a dor e a perda. A diferença é que possuo a convicção de que nada do que acontece é em vão. Como mulher, aprendo e progrido com minhas experiências, sobretudo com as dolorosas. Como terapeuta e professora, posso usar o que me acontece para, mais tarde, através dos meus escritos, das minhas aulas e palestras, do meu trabalho no consultório, compreender e ajudar alguém.

Com o passar dos anos, comecei a acreditar que na vida se apresentam circunstâncias que não escolhemos e que o importante é crescer em consciência para fazermos escolhas mais livres e responsáveis. Dor e alegria vêm com a vida. Eu acredito que as respostas que damos ao que acontece a nós e em volta de nós vai moldando o nosso ser e contribui para a formação da psique e o crescimento da alma. Agora, aos cinqüenta anos, posso olhar para trás e dizer que os tempos mais obscuros e difíceis da vida me levaram mais fundo e mais longe em meu caminho espiritual. Isso não significa que eu tenha certeza de que todos podem se beneficiar dos sofrimentos, sobretudo aqueles que foram vítimas de maus-tratos na infância.

Não posso dizer que tenham sido os tempos difíceis os principais formadores da minha vida espiritual. Os rumos tomados pela minha vida espiritual são resultado do que chamo de tempos "sacramentais" – situações impregnadas de graça, momentos sagrados em que percebi a presença de Deus ou da Deusa, em que me senti conectada ao universo ou Tao. Esses tempos sacramentais também vieram do meu contato com a natureza, de um encontro especial, da comunhão da alma com a de outra pessoa. Essas são as experiências que me transformaram e conduziram minha vida para o que ela é hoje. Eu senti a presença direta da divindade e soube disso imediatamente. Cada experiência foi subjetiva e mais intensamente real do que a própria realidade.

Quando eu tinha dezesseis anos, passei por uma experiência religiosa que me deixou literalmente de joelhos, fazendo-me tomar consciência do quanto eu era privilegiada pela dádiva das minhas realizações e capacidades. Senti a graça de Deus em mim de uma forma que me levou a rezar do fundo do coração: "Seja feita a Tua vontade." Tenho certeza de que foi dessa experiência que surgiu a convicção de que eu deveria ser médica para servir os outros. Nos anos seguintes, embora com menos intensidade, recebi outras lições de humildade, invariavelmente quando me sentia superior ou agia com alguma arrogância.

A humildade tem sido uma fonte de sabedoria e aprendizado.

Cada momento sagrado me transmite uma sensação de plenitude, de ter um lugar no universo e de minha presença nele possuir um significado. Experimento essa sensação como uma revelação e, ao mesmo tempo, como a confirmação de alguma coisa familiar, já conhecida, embora conscientemente eu saiba que estou vivendo aquela situação pela primeira vez. Minha experiência me faz acreditar que meu profundo senso de significado espiritual tanto está ligado à lembrança quanto à descoberta. "Aquilo" que eu recordo ou descubro em cada experiência de divindade é original e inefável, um saber ou conhecimento de valor inestimável. Respondo à graça que recebo com gratidão e comprometo-me a viver de acordo com o que sei, por intuição e experiência, ser verdadeiro para mim.

Ardendo por Deus

Andrew Harvey

"Todos devemos entender que, se vamos ser divinos, temos que, como o divino, amar com divina intensidade e servir a todo ser existente sobre a face da Terra."

Tudo que acontece, tudo que você sente, tudo que se passa na vida faz parte do seu relacionamento com Deus. Todo ser tem uma centelha de consciência divina e traz consigo uma conexão direta e oculta com o divino total. O universo é nossa mãe. A vida é nossa mãe. Tudo que acontece na vida é uma tentativa de nos conduzir a uma consciência mais profunda. A nossa tarefa é despertar para esse relacionamento, que é nosso direito de herança.

"Todas as alegrias que você experimenta", disse Rumi, "são raios do sol de Deus. O sabor de um pêssego delicioso é o gosto do corpo de Deus. A alegria de ver o rosto de um amigo, da pessoa amada ou de uma criança é, na verdade, a satisfação da alma pela presença do divino no universo. A música que emociona é uma faceta da grande voz do Criador. Entender isso é entender que o divino não está distante, mas muito perto, vivo, bem no centro da sua vida."

Para aprofundar ainda mais esse entendimento e criar um

sólido relacionamento pessoal com Deus, é preciso prestar atenção no que dizem os grandes místicos. Todos eles falam nessa conexão direta com o divino de formas incrivelmente semelhantes. Seu testemunho da glória, paixão, arrebatamento e, às vezes, do sofrimento cruel que acompanham esse relacionamento não é exagero nem poesia. Eles simplesmente expõem o que todos nós podemos experimentar se deixarmos que o irresistível amor de Deus chegue até nós.

Basicamente, existem três caminhos que todos podemos seguir para alcançar esse relacionamento direto com o divino: oração, meditação e serviço. Quando alguém me diz que acha difícil rezar, eu respondo: "Por que você não conversa com Deus? Fale com a imagem de Deus que mais lhe toca. Conte os seus problemas. Saiba que alguém está ouvindo e que há uma inteligência amiga que tenta ajudar você a expor o seu eu mais íntimo." Todos os místicos de todas as tradições falam isso. Portanto, crie o hábito de rezar constantemente. Qualquer um pode rezar em qualquer situação, e essa é a parte central da autêntica vida espiritual. Não há nada de especial na oração. É um processo extremamente simples e claro.

É essencial combinar a oração – falar com Deus – à prática simples e diária da meditação – escutar Deus. Mais uma vez, não é nada complicado. Você se senta com a coluna o mais ereta possível e presta atenção nos seus pensamentos. Tente imaginar os seus pensamentos como nuvens que passam pelo céu. Os pensamentos passam, mas o céu, que é vital, vibrante, pura luz, permanece. Essa luz é a sua natureza essencial e a natureza essencial da consciência.

A vantagem de praticar esse exercício simples de meditação o mais freqüentemente possível, durante vinte minutos pela manhã e vinte minutos antes de dormir, é ir criando um espaço entre a sua natureza divina – essencial –, que é ampla, calma, cheia de alegria e carinho pela vida, e o seu eu biográfico, que se movimenta em mil ações diárias. Aos poucos, a distância entre o eu essencial e o eu biográfico vai ficando mais fácil de perceber. Assim, torna-se mais fácil exercitar o desapego e libertar gradativamente o eu biográfico de tudo o que lhe causa medo e confusão, entrando cada vez mais em harmonia com as suas mais ricas possibilidades espirituais.

Mas a oração e a meditação vão realmente ajudar quando você praticar o que aprendeu sobre o amor divino. Os grandes sábios, de Lao Tzu a Buda, Confúcio e Jesus, nos ensinaram que para experimentar o amor de Deus precisamos distribuir amor em volta de nós. Ter muitos gestos de amor com as pessoas que nos cercam todo dia, com aquelas que cruzam nosso caminho. Pensar com amor em todos os seres do mundo e ir encontrando formas de servir que nos levem a desenvolver um amor que nos transporta para a atmosfera do divino. Prece, meditação e serviço, juntos e praticados com humildade, respeito e simplicidade de coração, podem levar a uma vida divina.

Mas juntar prece, meditação e serviço significa resistir às pressões externas. Vivemos em uma cultura que criou o que chamo de "campo de concentração da razão", a negação do sagrado. Como a nossa cultura tem uma tremenda força de persuasão e nós vivemos imersos nela, sem capacidade de refletir sobre o que nos está sendo imposto, corremos sempre o risco de não desenvolver ou mesmo de fugir de um relacionamento profundo com Deus. A vida moderna é incrivelmente estressante. A maior parte das pessoas vive em clima de insegurança financeira e emocional. Essa situação, aliada à corrente de pensamento que nega a total e absoluta realidade do que é místico e milagroso, torna muito difícil para as pessoas acreditarem e confiarem no divino.

Conseguir uma conexão divina consciente é por isso muito, muito difícil. Mas qualquer um pode conseguir, desde que deseje realmente. Rama Krishna disse: "As pessoas sempre vêm a mim e perguntam: 'Por que eu não consigo ver Deus? Por que eu não consigo sentir Deus? Por que eu não consigo provar Deus?' Eu sempre respondo que, se puserem na vida espiritual tanta energia quanto dedicam a progredir no trabalho, a conquistar pessoas ou a aparar a grama, vão conseguir. Talvez os resultados não venham logo, mas, com paciência e persistência, eles chegam."

A verdade é essa. Não existem soluções rápidas nem atalhos que levem ao relacionamento com Deus. Só com tempo, perseverança e sinceridade conseguimos nos aproximar de Deus. Você vai ver que para cada passo que de coração aberto você dá em direção ao divino, ele caminha mil passos na sua direção. Quando seu coração sai à procura de Deus, Ele responde mostrando – ou tentando mostrar, porque você precisa querer receber – todos os sinais de que está ao seu lado, protegendo, e que você está aprendendo com a vida e nunca perdendo uma batalha.

Eu acredito que um dos motivos para que as pessoas tenham tanto medo de correr riscos é que a nossa cultura dá tudo "de bandeja", privilegiando o conforto e as soluções fáceis. Quer uma televisão? Trabalhe e compre uma. Quer aprender sobre cerâmica asteca? Faça um curso. Mas a relação com Deus exige a sua participação ativa e apaixonada. É preciso arriscar. É preciso se entregar. É preciso saltar para dentro do fogo. Ninguém pode fazer isso por você.

A nossa tarefa é evoluir e entender que, para experimentar o que os grandes místicos chamam de verdadeira realidade, temos que arriscar. Se nos abrirmos, expusermos nossa vulnerabilidade, começarmos com humildade a aprender com as escrituras – rezar, meditar, servir –, vamos alcançar resultados concretos. Foi o que aconteceu com os que seguiram esse caminho.

Se não me engano, foi em Rama Krishna que tomei conhecimento de uma história que ilustra a necessidade de nos darmos integralmente a Deus.

Um rei passeia por seu reino e encontra um mendigo com um saco de milho. O mendigo, ao ver o rei em sua magnífica carruagem, usando a coroa de ouro, diz: "Como eu gostaria de dar um presente a Sua Majestade..." O rei ouve e sugere: "Por que não me dá todo o seu milho?" "Não posso, mas vou lhe dar cinco grãos", responde o mendigo. O rei aceita o presente e se afasta.

O mendigo, ao chegar em casa, descobre, no meio do milho que tinha no saco, cinco grãos transformados em ouro. Ele se lamenta e compreende que, se tivesse dado todo o milho ao rei, em um ato de abandono, generosidade e confiança, teria nas mãos um saco de ouro.

O mesmo acontece com as nossas paixões. Se entregarmos todas a Deus para seu uso, sem a nossa interferência, não apenas as paixões continuarão conosco como irão se transformar. A pessoa que faz amor simplesmente pelo prazer só percebe o sabor da paixão pelo ponto de vista do ego. Mas aquela que se dá inteira no ato do amor, sentindo que ele pode refletir as divinas energias do universo, experimenta essas energias e alcança a alegria cósmica. Essa experiência é muito, muito mais grandiosa do que qualquer prazer físico. Então, o resultado final de entregar as paixões a Deus é ter os galhos da árvore cobertos de extasiante floração.

Em minha jornada, passei por três estágios principais. No princípio, não acreditava em nada. Era um estágio de raiva, amargura, desespero e negação. No segundo estágio, tive experiências profundamente místicas que abriram meu ser, mas também me deram uma impressão supergrandiosa e fascinante de mim mesmo.

Tive sorte. Aconteceu em minha vida um grande abalo que começou a me separar de tudo que eu perseguia e da visão que tinha de mim mesmo. Foi um processo de purificação que resultou em um relacionamento muito mais realista com Deus – uma união muito mais próxima, em que respeito, humildade e profunda gratidão exercem um papel constante. É esse relacionamento que espero fortalecer até o meu último suspiro.

O terceiro estágio, a verdadeira experiência de Deus, é bem simples. Trata-se apenas do compromisso de impregnar de amor cada detalhe da vida, cada pensamento, cada emoção. Para chegar a esse ponto, o falso eu espiritual deve ser destruído para que possamos entender duas coisas: que não somos nada e, ao mesmo tempo, que somos um só com a força que rege o universo. Nós somos ao mesmo tempo humanos e divinos.

O importante é dar e receber amor. Muita gente se volta para a vida espiritual para alcançar o desapego e evitar a dor da realidade. Isso é desastroso, porque a natureza está sendo destruída, dois bilhões de pessoas vivem na pobreza, metade das espécies da Terra foi extinta, a televisão é uma avalanche de lixo e a nossa qualidade de vida está chegando a um ponto extremo de degradação. Enquanto isso, a Nova Era afirma que tudo está em transformação e há um novo mundo começando. Nada está começando e nada pode começar enquanto não entendermos que, tal como o divino, devemos amar com divina intensidade e servir a todo ser existente sobre a face da Terra.

Muita gente se volta para a religião em busca de conforto, mas esse não é um verdadeiro relacionamento com Deus. Quem age assim está pedindo a Deus que sirva como fornecedor de alegria e consolação. Deus é amor, mas um amor que cria e serve. Se você entrar em verdadeira conexão com esse amor, todo o seu ser vai passar por uma revolução que pode ser dolorosa, mas que promove a mais plena realização. Muita gente tem medo da possibilidade de sofrimento e recua. As pessoas querem a glória sem esforço, a felicidade superficial sem pagar nenhum preço. Isso simplesmente não é possível. A maneira de transformar em realidade a ação e o amor divinos implica renúncias e aparentes perdas.

Henry James contou uma história que descreve muito bem o que acontece quando alguém tenta evitar as provações da jornada para o divino. No início da história, um homem fica sabendo que uma coisa terrível vai lhe acontecer. Para se defender, ele se afasta de todos, raramente é visto e vive uma existência recolhida. Um dia, andando pelo cemitério, vê uma mulher bem velha chorando e se lamentando junto à sepultura do marido. De repente, ao presenciar a dor da mulher e pensar no amor que causava aquele sofrimento, ele se deu conta de que a grande tragédia de sua vida era que nada lhe tinha acontecido. Aquela mulher lhe mostrou que o amor é a glória da vida. Uma glória que ele deixou de viver por causa do medo. É uma história maravilhosa, que se aplica a qualquer um. Estar aberto é correr o risco de ser dilacerado pela dor, mas sem essa dor não existe glória. Como Rumi escreveu:

A Sarça Ardente chegou. Chegou para nos pôr à prova.
Queríamos revelação e devemos arder.
No princípio, você disse "sim". Por que recua agora?
Seja como o atiçador. Faça uma casa de fogo.

(Este ensaio foi adaptado de uma entrevista com Benjamin Shield, Ph.D.)

Encontro com Deus através dos Sentidos

Irmão David Steindl-Rast

"Nos meus melhores momentos – meus momentos místicos – eu experimento um profundo sentimento de integração."

Quando me perguntam sobre o meu relacionamento pessoal com Deus, minha resposta imediata é outra pergunta: "O que você chama de Deus?" Durante décadas venho falando de religião com gente de todo o mundo e aprendi que, se queremos evitar mal-entendidos, devemos usar a palavra "Deus" com extrema cautela. Constato também que, mesmo quem não se identifica com nenhuma religião organizada, às vezes se liga fortemente a experiências místicas. É aí que encontro o meu ponto de referência para o significado do termo "Deus". Quando esse termo se refere à consciência mística que a maioria das pessoas compartilha, encontro concordância.

Nos meus melhores momentos – os meus momentos místicos – eu experimento um profundo sentimento de integração. São momentos em que tenho a certeza de que faço parte desta família terrena em que cada membro pertence a todos os demais – o inseto ao castor, a árvore ao espaço, o pio à codorna, a luz ao vaga-lume, os seres humanos às hienas. Dizer sim a essa integração ilimitada é amar. Quando falo de Deus, quero me referir a esse tipo de amor, a esse grande sim à integração. Eu vivo esse amor junto com o Sim de Deus a tudo que existe. Ao dizer sim, eu transformo em realidade a própria vida de Deus e o amor dentro de mim.

Mas nesse sim existe mais do que um sentimento de integração. Há também um profundo desejo. Quem nunca experimentou no amor o desejo e a integração? Paradoxalmente, um aumenta a intensidade do outro. Quanto mais intimamente nos integramos a alguém, mais completamente desejamos nos integrar. O desejo nunca se esgota, está sempre em movimento, intensificando cada vez mais a integração.

Quando o amor é verdadeiro, a integração é sempre mútua. O amado pertence ao amante, o amante pertence ao amado. Eu pertenço a este universo e ao divino Sim que é sua Fonte, e essa integração também é mútua. É por isso que eu posso dizer "meu Deus", não com um sentido de posse, mas de uma relação de amor. Da mesma forma, o que eu sinto como o meu desejo por Deus é o desejo de Deus por mim. Ninguém pode ter um relacionamento pessoal com uma força impessoal. É verdade que eu não devo projetar sobre Deus as limitações do ser humano. No entanto, a Fonte Divina deve ter toda a perfeição humana. Senão, onde teríamos conseguido o que há de bom em nós?

Faz sentido, portanto, falar de um relacionamento pessoal com Deus. Nós temos consciência disso – vagamente, pelo menos – nos momentos em que estamos mais despertos, mais alertas, em que somos mais verdadeiramente humanos. E podemos cultivar esse relacionamento desenvolvendo nossa atenção, vivendo a vida o mais plenamente possível.

A Bíblia expressa essa visão através das palavras "Deus fala". Este é um relacionamento que pode ser entendido como um diálogo: Deus fala e eu posso responder.

Mas como é que Deus fala? Através de tudo que existe. Todas as coisas, todas as pessoas, todas as situações são, em última análise, Palavra. A Palavra fala comigo e me desafia a responder. Cada momento, com tudo que está contido nele, proclama o grande sim de um modo novo e especial. Construindo a minha resposta momento a momento, palavra por palavra, eu me transformo na Palavra que Deus fala em mim, para mim e através de mim.

Por isso é tão necessário e urgente estar alerta. Como posso dar uma resposta completa ao momento presente se não estiver alerta à mensagem que ele traz? E como posso estar alerta se todos os meus sentidos não estiverem a postos? A poesia inesgotável de Deus me chega em cinco linguagens: imagem, som, cheiro, toque e sabor. E por isso só pode ser sentida, apreendida e compreendida através dos sentidos.

Quando e a que os nossos sentidos respondem mais prontamente? Se eu faço essa pergunta a mim mesmo, logo penso no cuidado que tenho com meu pequeno jardim. Por causa do perfume, eu cultivo jasmim, hortelã, sálvia, tomilho e oito espécies de alfazema. Quantos aromas deliciosos em um pedaço tão pequeno de chão! E que variedade de sons: a chuva da primavera, o vento do outono, os pássaros que me visitam o ano todo – a rolinha, o gaio-azul, a cambaxirra –, o grito da gavião ao meio-dia e o pio da coruja ao cair da noite, o estalar dos passos sobre o cascalho do caminho, os sinos de vento, o ranger do portão... Quem saberia traduzir em palavras o gosto do figo ou do morango? Que infinitas possibilidades de toque, da grama úmida de manhã sob meus pés descalços às pedras do muro aquecidas pelo sol, onde me encosto quando cai a temperatura no início da noite. Meus olhos vêm e vão, perto e longe: do verde dourado metálico do besouro perdido entre as pétalas de rosa à imensidão do Pacífico se estendendo além dos rochedos até o horizonte distante, onde céu e mar se encontram na neblina.

Sim, eu reconheço. Ter um lugar como esse para viver momentos de solidão é um presente de valor inestimável. Revigora, faz o coração se expandir, os sentidos despertarem um a um, cheios de vitalidade. Sejam quais forem nossas circunstâncias de vida, precisamos reservar um tempo e um lugar para esse tipo de experiência. É uma necessidade, não um luxo, na vida de todos nós. Nesses momentos, não são só os olhos e os ouvidos que se enchem de vitalidade: o coração ouve e responde. Quando os meus sentidos não estão sintonizados com o que me cerca, o coração fica apático, adormecido, meio morto. À medida que meu coração desperta, eu ouço seu chamado me desafiando para assumir minha responsabilidade.

Temos tendência a dar pouca importância à estreita ligação entre sensibilidade e responsabilidade, entre sensualidade e desafio social. No entanto, esses aspectos são como os dois lados da mesma moeda. Quando aprendemos a realmente ver com os olhos, começamos a enxergar também com o coração. Começamos a tomar conhecimento do que preferíamos ignorar, a ver a dor e a carência deste nosso mundo. Quando aprendemos a ouvir com os ouvidos, o coração começa a escutar o grito do oprimido. Tocar o corpo de alguém é estar em contato com o mundo – inclusive o mundo da miséria e do sofrimento que os nossos corações embotados optaram por desconhecer.

Nas minhas viagens tenho reparado como é fácil perder a concentração. A saturação dos sentidos pode reduzir a atenção. Uma enxurrada de impressões sensoriais tende a desviar o coração do foco de sua atenção. Nesses momentos, o ideal é ir procurar dentro de si aquele local tranqüilo onde o bater do coração do mundo pode ser ouvido. Todos nós – cada um em sua medida – precisamos de solidão para cultivar a concentração.

Como é que se consegue isso? Existe um método que leve à concentração? Existem muitos. Eu escolhi o da gratidão, que pode ser praticada, cultivada, aprendida. Toda manhã, antes de abrir os olhos, eu me lembro de que posso ver, enquanto milhões de irmãos e irmãs são cegos – a maioria por causa de condições de vida que poderiam ser melhoradas se a nossa família humana se conscientizasse e empregasse seus recursos com justiça. Com esse pensamento, ao abrir meus olhos fico muito mais grato pelo fato de poder enxergar e mais alerta para as necessidades dos que são privados da visão. Durante o dia procuro me concentrar para não deixar passar despercebidos os inúmeros pequenos privilégios com que sou abençoado, e agradeço por eles. À noite, antes de apagar a luz, eu sempre anoto um motivo que tenho para agradecer e que não tinha reparado antes. Há anos venho fazendo isso, e a fonte parece inesgotável.

A gratidão alegra a minha vida. Como poderia sentir alegria por coisas a que não dou importância? Quando eu passo a "dar importância", tenho inúmeras surpresas. A gratidão é uma atitude criativa porque nos faz recriar a alegria e o prazer de ver, ouvir, cheirar, tocar e saborear.

Não existe união mais próxima do que a celebrada pela gratidão, a união entre quem dá e quem agradece. Tudo é graça. Viver em estado de alegre gratidão é celebrar o intercâmbio universal da vida, é dizer um sim sem limites à integração e à unidade.

O nosso mundo pode sobreviver sem a gratidão? Qualquer que seja a resposta, uma coisa é certa: dizer um sim incondicional à integração de todos os seres vai fazer com que nosso mundo seja mais feliz. É por essa razão que Sim é o meu sinônimo preferido para Deus.

O Processo de Deus

Anne Wilson Schaef, Ph.D.

"Espere o desenrolar da sua vida e veja o que tem a aprender."

Deus, para mim, é o processo do universo e provavelmente além do universo – ao mesmo tempo separado e em unidade com todas as coisas. Eu acredito que quando vivemos da nossa espiritualidade estamos em harmonia e em união com esse processo.

Quando criança, o meu relacionamento com Deus era muito simples. Esse sentimento de simplicidade vinha da minha ligação com a natureza e da segurança que ela me transmitia. Eu vivia perto dos índios Cherokee, pois minha mãe tinha sido adotada pela tribo. Eu passava boa parte do tempo na floresta, sentindo profundamente a unidade de todas as coisas. Minha mãe tinha consciência do relacionamento da humanidade com os animais e com a natureza e de como tudo o que fazemos afeta todo o resto. Esse sentido de conexão está presente até na minha espiritualidade.

Desde muito pequena freqüentei a Igreja Metodista, geralmente com minha mãe. Eu gostava da comunidade da igreja, em especial dos hinos, aquele tipo de hino belo e forte que se ouve nas regiões do sul dos Estados Unidos. Quando cursava o ensino médio e a faculdade, passei por períodos de questionamento. Questionava o que tinham me ensinado e as limitações das religiões, comparando a rigidez que impunham com a liberdade do meu relacionamento com Deus durante a infância.

Eu ainda questiono a visão que temos e o uso que fazemos de Deus. Nossa sociedade age como se Deus fosse alguma coisa estática, gravada na pedra, de modo a nos fazer sentir mais seguros. Tentamos tornar o universo estático para que possamos nos sentir "no comando", ou melhor, para que possamos manter a nossa ilusão de controle. Tentamos tornar estáticas as nossas crianças, as nossas casas. Pensamos que se as coisas forem do jeito que queremos estaremos seguros, fugindo assim à responsabilidade de aprender sobre a dinâmica do nosso processo e de viver esse processo.

Com a religião fazemos o mesmo. Usamos o processo vivido por algumas pessoas extraordinárias – grandes mestres e líderes – e tentamos torná-lo estático, passando adiante seus ensinamentos. Ao fazermos isso, não estamos entendendo que esses ensinamentos só foram possíveis por causa do processo que levou a eles. Pegamos o produto final, mas esquecemos que foi necessário um processo dinâmico para chegar a ele. Ignoramos o processo e só valorizamos os resultados.

Quando estou em desarmonia com o processo sinto uma certa ansiedade. Tento controlar a mim e aos outros, procuro fazer as coisas acontecerem como eu acho que devem ser. Quando estou em harmonia com o processo confio na vida que vai se revelando para mim.

No campo profissional houve períodos em que ficou muito

claro que era hora de mudar. Eu tinha uma extensa prática em consultório particular, mas fui me sentindo cada vez mais desconfortável ao fazer atendimentos individuais. Eu contava as horas de trabalho esperando chegar o fim do dia, e quando um paciente tinha alta não agendava outro no lugar. Depois de algum tempo, comecei a me perguntar: "O que está acontecendo? Será que eu devo mudar de atividade?"

Eu tinha sustentado a família com o que ganhava como psicoterapeuta. As palestras e *workshops* eram apenas uma atividade adicional. Entrei em pânico. Eu pensava: "Sem clientes, como vou cuidar da minha família?" No entanto, a vida me mostrava claramente que eu precisava buscar um novo caminho. Comecei a participar de mais treinamentos e *workshops,* a fazer mais palestras.

Nos últimos meses venho percebendo novamente que é hora de reestruturar ou mudar meu trabalho. Mas não faço planos. Eu não digo: "Bom, agora deve ser assim, e eu vou fazer isso acontecer." Tudo sempre dá certo quando confio no processo e confio no meu movimento interior.

Meu trabalho não consiste em tentar controlar os outros nem dizer a eles o que fazer. Meu trabalho é servir de exemplo. Eu acredito que quando as pessoas entram em contato com elas mesmas desenvolvem sua espiritualidade. Nossa sociedade e o processo que geralmente vivemos – que afastam as pessoas de seu verdadeiro eu – nos fazem perder contato com nossa dignidade, nossa espiritualidade, nosso passado. Eu trabalho com as pessoas tal como são: confio e facilito, procurando transmitir coragem para reconhecerem e enfrentarem os processos que as prendem e escravizam. Ao lidarem com esses processos e tentarem viver mais de acordo com sua autenticidade, esta se acentua e os primeiros perdem força.

Dessa forma, as pessoas encontram sua própria espiritualidade.

Nosso processo de vida é nosso relacionamento com Deus. Não importa o que tenhamos feito ou o que estamos fazendo: o processo está presente e é o que somos. Devemos viver cada vez mais de acordo com a nossa fé. Cada pessoa entende essa experiência a seu modo: algumas a traduzem para a visão cristã tradicional, outras para uma visão budista tradicional e outras a vêem como um poder superior em ação. Cada uma decide como vai viver sua espiritualidade.

Você é um processo. O universo é um processo. Tudo que nos rodeia é um processo. Esteja em contato com esse processo e confie. Espere o desenrolar da sua vida e veja o que tem a aprender.

O Encontro com Deus

Huston Smith, Ph.D.

"As pessoas têm diferentes temperamentos espirituais. Portanto, suas maneiras de se aproximar de Deus também são diferentes."

Devo confessar que a perspectiva de falar do meu relacionamento pessoal diário, momento a momento, com Deus me deixou apreensivo. Por quê? Seria pelo possível atrevimento de afirmar um relacionamento constante com Deus – um relacionamento consciente? Ou pela dúvida quanto à conveniência de expor minha intimidade? Por trás dessas incertezas estava a questão principal: eu sabia realmente em que consiste o meu relacionamento com Deus! A situação se parece mais com um mistério em torno do qual a minha vida gira do que um relacionamento aberto à minha observação direta e consciente.

No final, porém, prevaleceu a premissa que motivou este livro: todos temos o que aprender uns com os outros sobre o assunto.

Quando, em um programa de série *Wisdom,* da National Broadcasting Company, perguntei a Daisetz Suzuki se ele tinha nascido com impulso religioso, a resposta foi:

– Não nasci, mas ele despertou.

E quando esse impulso despertou? – eu quis saber.

– Bem, não sei exatamente. Mas o ponto de partida foi quando eu tinha dezesseis ou dezessete anos e quis determinar quais eram os meus anseios religiosos.

Eu poderia ter dado a mesma resposta. Os mais profundos anseios de que tenho consciência são religiosos. Eu considero o impulso religioso parte da constituição humana. A busca de uma compreensão cósmica tanto é parte de um impulso religioso como a busca da integração cósmica. Só que, no meu caso, o condicionamento precoce sem dúvida contribuiu para o fortalecimento do impulso, já que meus pais eram missionários na China e eu cresci em um lar fervorosamente religioso.

Como éramos os únicos ocidentais na pequena cidade chinesa onde vivíamos, eu fui fortemente marcado pelo exemplo que tinha em casa. Quando vim estudar nos Estados Unidos, minha intenção era obter as credenciais para voltar à China como missionário. Mas o dinamismo do Ocidente me fez mudar de idéia. No Central Methodist College estudavam apenas seiscentos alunos. A população de Fayette Missouri não chegava a três mil habitantes, mas, em comparação com a cidadezinha chinesa onde tinha vivido, era movimentada demais. Foi o suficiente para apagar todas as minhas idéias de voltar ao Oriente. Meu impulso religioso permanecia intacto, porém, eu decidi que, em vez de missionário, seria pastor.

A segunda "virada" vocacional aconteceu durante meu penúltimo ano de faculdade, quando o intelecto se tornou real para mim. Boa parte da responsabilidade pela minha mudança é de um brilhante e carismático professor de filosofia. Sou capaz de situar exatamente a noite em que aconteceu: tivemos uma reunião em nosso clube de filosofia e eu estava cada vez mais entusiasmado. De repente, enquanto caminhava de volta para o alojamento, minha mente pareceu explodir. As antigas paredes desapareceram e já não havia nada entre mim e o infinito. Nem sei se consegui dormir naquela noite. Eu não conhecia o termo, mas descobri então que era um *jnana yogin,* alguém cuja principal abordagem de Deus é através do conhecimento (volto ao assunto adiante). Quase que imediatamente, mudei meus planos para ser professor.

Esse entusiasmo intelectual continuou durante os anos em que estudei na University of Chicago, mas lá meus estudos de filosofia e religião se voltaram exclusivamente para as teorias ocidentais, como tinha acontecido em meu curso anterior. Foi só depois que comecei a ensinar que descobri que o saber espiritual não é monopólio do Ocidente. Isso aconteceu não somente através das leituras como pela amizade de Gerald Heard e seu parceiro intelectual Aldous Huxley. Eu descobri os místicos, e, como os místicos falam uma linguagem universal, suas lições me levaram sucessivamente ao Vedanta, ao budismo e ao sufismo, com um período de mais ou menos dez anos em cada um. Em nenhum ponto da jornada abandonei completamente as idéias anteriores, principalmente o cristianismo, e depois que a Ásia me abriu os olhos eu descobri que também havia místicos cristãos e judeus. Minha peregrinação simplesmente confirmou as mesmas verdades essenciais reveladas em diferentes idiomas.

Lá pelos vinte e poucos anos, o meu relacionamento com Deus se baseava no piedoso modelo protestante, em que se chegava a Ele através de um relacionamento de amor e serviço com Cristo. Eu até hoje respeito esse modelo e, em parte, trabalho com ele. Mas, além disso, a doutrina hindu dos quatro iogas – a noção de que as pessoas têm diferentes temperamentos espirituais e por isso se aproximam de Deus de maneiras diferentes: *jnanis* pelo conhecimento, *bhaktis* pelo amor, *karmics* pelo serviço e *rajics* pela meditação – me permitiu ver que existem outros canais pelos quais a energia espiritual pode fluir. Meu relacionamento pessoal com Cristo, embora real, não era muito intenso, enquanto o pensamento em Deus podia me encher de encantamento por uma noite inteira.

O pensamento típico dos *jnanis* pode ser mal interpretado por quem não tem a experiência dele – aqueles cuja força de ioga é de algum outro tipo. Isso não tem qualquer ligação com a quantidade de informações ou habilidade lógica. O que acontece é que, para os *jnanis,* os pensamentos têm vários aspectos, uma substancialidade tridimensional que os torna reais para eles, mas não para os outros. Para um *jnani* (ou gnóstico, como pode ser chamado no Ocidente, se essa palavra se distinguir de gnosticismo) as idéias de Platão – a Bondade, a Verdade, a Beleza – não são as abstrações vazias que podem parecer a outros. São quase palpáveis. E sua realidade palpita – elas praticamente cantam e dançam. Isso distingue a teoria da discussão das teorias tipicamente científicas. A palavra grega *theoria* vem de teatro, o que deixa o conhecimento dos *jnanis* mais perto da visão que do pensamento. O saber está ligado a ver, embora com os olhos da alma. E a visão atrai. Aristóteles combinou a Bondade, a Verdade e a Beleza em seu Motor Não Movido, que move todo o universo pela força da atração. Mas a minha opinião é que as idéias atraem os *jnanis* porque eles gostam delas – e nós somos atraídos e ficamos parecidos com aquilo que nos agrada. Sócrates disse que conhecer o bem é fazer o bem. São Paulo discordou, mas tinha um temperamento diferente – era um *bhakti* e não um *jnani.* Então, saber não tinha o mesmo significado para os dois.

Tudo o que eu disse até agora tem relação com Deus. Embora não tenha usado a palavra, não é de outra coisa que eu estou falando. Deus é Bondade, Verdade, Beleza – e Poder e Mistério, deve-se acrescentar – fundidos tão completamente que os cinco elementos não são cinco, mas um. Nos meus melhores momentos me sinto atraído por Deus como mariposa pela chama, e então não sei se a minha felicidade é a coisa mais rara ou comum da Terra, porque todas as cisas terrenas parecem refleti-la. Mas não posso me prender a isso.

Quando acontecem esses momentos cheios de graça é normal ser tão feliz, mas me pergunto como esse ouro do Éden pôde ser meu.

É fácil fazer muitas descobertas místicas. Períodos no deserto são oportunidades tão importantes de crescimento quanto os passados no topo da montanha, e os teólogos nos asseguram que se pode demonstrar o permanente relacionamento entre a alma e Deus, ainda que ela não esteja concretamente consciente da presença de Deus. O objetivo não é alterado pela alteração dos traços. A observação de Aldous Huxley de que a tarefa da vida é superar a característica humana básica que é o egoísmo cabe aqui, pois cada passo que damos nessa direção é um passo na direção de Deus.

O Longo Caminho para Casa: Retomando a Ligação com a Grande Mãe

Riane Eisler

"O que nós chamamos de 'sagrado' na verdade está presente em tudo que fazemos."

Eu costumava pensar no divino como "Deus". Hoje, quando penso em termos de uma divindade personalizada, o que me vem mais à mente é uma Deusa. Estou convencida de que, em nossa sociedade, a negação do aspecto feminino da divindade, o aspecto Mãe, é um dos grandes obstáculos à nossa conexão direta com o divino.

Considero a trajetória da nossa vida, desde o nascimento, como uma jornada espiritual em busca da experiência de unidade com o divino. Essa jornada tem sido cercada de muita confusão. Eu pensava que para empreender a "jornada espiritual" era preciso afastar-se da vida, como os chamados sábios isolados nas montanhas. Hoje, eu me pergunto: como alguém pode ser sábio, se rompe a conexão humana?

Meu caminho espiritual começou na infância. Nasci em Viena, de uma família judia, e quando os nazistas chegaram à nossa cidade fugimos para Cuba. Lá, meus pais continuaram a seguir as tradições judaicas. Uma das lembranças mais preciosas da minha infância é das rezas com a família. Minha mãe assava o pão para o Sabá e acendia as velas sagradas. Você já viu uma mulher judia rezando junto às velas? Ela faz belos movimentos circulares com as mãos. Acredito que esses movimentos em forma de bênção sejam parte de antigos rituais que as mulheres, como sacerdotisas, praticavam muito antes que Deus se tornasse apenas masculino e somente os homens pudessem ser sacerdotes.

Eu também adorava rezar com meu pai para o Deus dos judeus. Toda noite recitávamos em hebraico a oração "Shemah Israel", dirigida ao "Senhor nosso Deus, Rei do Universo". Eu não tinha a menor idéia do que as palavras que repetia queriam dizer, mas eram palavras mágicas, por causa do amor entre meu pai e eu. Rezando, partilhávamos aquele momento espiritual.

Em Cuba, eu era uma judia vivendo em um país católico e freqüentando uma escola metodista. Como todos os outros alunos, tinha que ir à igreja. Meu pai, então, chamou um rabino para me ensinar que eu era judia.

Eu sentia uma enorme atração pela Virgem Maria, o que incomodava meus pais e era um grande embaraço para mim. Hoje entendo essa atração: a Virgem era a última remanescente da Grande Deusa, a mãe que dá a vida a todos nós, inclusive à divindade masculina. Afinal, era a mãe de Deus, não era?

Quando a guerra terminou, eu tinha quatorze anos. Vi nos cinejornais o que acontecera nos campos de concentração. Foi então que o Deus da minha infância morreu, uma morte muito dolorosa – não para Ele, mas para mim. Eu tinha investido muita emoção no meu relacionamento com Deus, pela associação que fiz entre os rituais e Ele. Agora, vejo no papel das mulheres que acendem as velas e preparam o pão os gestos sagrados de dar à luz e alimentar a vida, preservados e valorizados desde o tempo em que elas podiam exercer o papel de sacerdotisas e participar diretamente do divino, sem um intermediário do sexo masculino.

Na época, eu não entendia nada disso. Só sabia que minhas antigas idéias sobre religião não faziam mais sentido. E comecei uma solitária jornada espiritual. Foi uma jornada de muitos momentos dolorosos, porque eu não via onde estava a conexão. E, no entanto, sabia que havia uma conexão.

Descobri que não precisava ir à sinagoga ou à igreja para prosseguir na minha jornada. Fui experimentando recursos diferentes, como a meditação e o jejum. Comecei a sentir que, através de minhas próprias experiências, podia estabelecer uma conexão direta com essa realidade tão ampla e absolutamente misteriosa que nos cerca e que nunca vamos conseguir entender se usarmos apenas a razão e o cérebro. Existe em nós uma outra região que é capaz disso.

Aos poucos fui compreendendo também que, se só houvesse um Deus que era o Pai, o Rei, o Senhor, eu estava em péssima situação como mulher, já que só podia me relacionar indiretamente com a divindade masculina. Se nós, mulheres, quisermos ter acesso ao divino que habita em nós, é essencial a existência de uma divindade feminina, de uma divina Mãe.

Nos últimos cinco mil anos, nossa sociedade viveu um modelo dominador. Como a nossa conexão com a divindade vinha sobretudo através de uma hierarquia, suas regras e imposições interferiram na nossa capacidade de ter um relacionamento pessoal e íntimo com o divino. Para se manter, essa hierarquia religiosa precisou tirar o nosso poder. Para isso, transmitiu-nos a convicção de que não poderíamos nos relacionar com a divindade sem a interferência de alguém (um homem) que afirma ter uma relação privilegiada com Deus e garante que temos de agir de acordo com suas ordens.

Ao estudar arqueologia, mitos e história da arte, comecei a ver que nem sempre foi assim. Desde as primeiras sociedades agrárias do Período Neolítico, há dez mil anos, o homem, em sua evolução cultural, tem conhecimento da espiritualidade inerente à vida e à natureza. Os templos descobertos pela arqueóloga Marija Gimbutas confirmaram isso, revelando o que ela chama de "civilização da Europa antiga" – uma sociedade orientada para a comunhão com o divino e que adorava a Grande Deusa.

Naqueles templos e em outras ruínas arqueológicas, vemos que o tradicional "trabalho feminino" era considerado sagrado. Lá havia teares, fornos para cerâmica e para pão, e pilões para moer trigo, porque essas eram atividades sagradas. As sociedades pré-históricas viam o mundo vivo – céu, terra, tudo – como a Grande Mãe. Mas não eram matriarcais: a adorada Grande Deusa tanto tinha filhas como filhos divinos.

Comecei a perceber que nas sociedades pré-históricas a conexão direta com o divino era muito mais fácil. Tudo era divino, inclusive a natureza. A Deusa dava a vida e, na morte, a vida voltava para seu útero, em um renascimento semelhante aos ciclos da vegetação. Não havia a nossa atual distinção artificial entre espiritualidade e natureza, com uma hierarquia em que o homem e o espírito estão acima da mulher e da natureza.

À medida que continuava a estudar, eu avançava em minha jornada espiritual e concluía que o impulso espiritual não precisa de intermediário – ao contrário, é inerente à condição humana, um aspecto da evolução cuja primeira expressão foi uma forma direta de sentir a conexão com o mundo. Quando mudamos do nosso antigo modelo de comunhão com o divino para o modelo dominador – o divino intermediado pela hierarquia –, perdemos esse sentido de conexão.

Eu acredito que a negação da nossa conexão com o aspecto Mãe, o ângulo feminino da divindade, é um dos maiores obstáculos a um relacionamento pessoal, sério e satisfatório não apenas com o divino, mas entre os seres humanos. Das nossas próprias experiências com as nossas mães podemos tirar a observação do elemento feminino, Mãe, criação. A eliminação da dimensão materna da divindade reflete uma situação que acontece em nossa sociedade dominadora: o enfraquecimento da empatia, do cuidado, a negação do feminino que existe no homem e o desprezo pela mulher e pelo que é feminino.

Não é por acaso que hoje existe tanto interesse pela espiritualidade. Estamos tentando restabelecer a conexão. Já começamos a reconhecer que a idéia de um Deus masculino, com os homens feitos à sua imagem e superiores às mulheres, às crianças e ao resto da natureza, não nos serve mais.

Quando o modelo dominador não impedir mais a nossa busca, vamos poder começar a verdadeira jornada espiritual. Vamos afastar os obstáculos e aprofundar nosso relacionamento com o divino, que agora passa a ser visto como comunhão. Os seres humanos têm capacidade para a criatividade, o amor, a justiça, o saber e a beleza. Todos esses são caminhos que levam ao divino.

De todo o saber que estamos recuperando das sociedades pré-históricas, uma das noções mais importantes é a de que a vida diária é sagrada. O que nós chamamos de "sagrado" na verdade está presente em tudo que fazemos.

Nas culturas patriarcais, as mulheres aprendem que são feitas para servir. Mas não basta honrar e servir aos outros. Precisamos honrar e servir a nós mesmas. Devemos cuidar de nós mesmas. Se nos tornarmos vítimas e mártires, não estaremos servindo a ninguém, porque estaremos negando a nossa própria divindade. Não teremos mais honra nem valor com isso. É muito tênue a linha que separa o serviço com respeito e dignidade do serviço que leva à humilhação e à indignidade. Minha jornada espiritual tem marcos que incluem a descoberta e a recuperação de tradições muito antigas – quando o sagrado e o divino tinham a forma feminina – e a consciência de que não estou isolada deles só porque sou mulher.

De maneirasconcreta, palpável, eu redefini meus conceitos de divindade, ritual, sacralidade, amor. Agora entendo por que sinto uma ligação tão forte com o divino quando vejo algo belo – o pôr-do-sol, por exemplo. Entendo que a distinção artificial entre espírito e natureza faz parte de uma bagagem que podemos deixar para trás. Entendo por que me sinto tão bem quando tenho um gesto solidário e estendo a mão para ajudar alguém. Não faço disso uma atitude forçada, resultado do comando de alguma distante divindade punitiva, nem por ordem do padre, do papa ou de qualquer outro homem que vá me castigar se eu não agir assim. Muito pelo contrário: faço porque me dá prazer. E parte desse prazer vem do fato de que o impulso de doação é inato em nós.

E quem vai ser o guia das nossas jornadas espirituais? Vamos confiar no que nos dizem as autoridades, os sacerdotes, sejam cristãos, muçulmanos, budistas ou de qualquer outra religião? Ou vamos confiar na nossa própria conexão com a divindade? Como podemos construir e internalizar esse relacionamento, acreditar em nós mesmos e nos tornar parte da força de criação e cura que existe no universo?

Ouça com cuidado os conselhos sobre como encontrar a divindade. Mas ouça sobretudo sua voz interior e siga o seu próprio caminho.

Quem Está Falando?

Marsha Sinetar

"Só o amor cura, completa,
nos leva além de nós mesmos...
O amor nos leva até o lugar
que profundamente procuramos,
nos faz saber Quem está falando."

A infância foi um tempo de liberdade. Minha família era inteligente, muito criativa, tinha senso de humor e firmeza de caráter. Nosso lar não era tipicamente religioso. Dogmas, "religiosidade" – qualquer sistema religioso organizado e reconhecido era considerado restritivo demais para se encaixar no estilo de vida e na mentalidade dos meus pais.

No que se refere à minha relação com Deus, meu pai esperava que eu usasse a inteligência para encontrar por mim mesma as respostas às grandes questões da vida. Eu tentava ver e ouvir com atenção o quanto uma criança de quatro ou cinco anos consegue. A pergunta central da minha infância era: "Quem está falando?"

Minha avó, uma atuante incentivadora das coisas do espírito, estimulava em mim o que chamava de precocidade espiritual. Certamente contrariando os planos cuidadosos de meu pai, ela me ensinou tudo o que sabia sobre Deus do ponto de vista das religiões formais. Ela conspirava comigo. Geralmente às escondidas, escapávamos como duas fugitivas para o nosso roteiro de culto multicultural. Minha avó era uma verdadeira mestra ecumênica. Sua mão pequena e enrugada segurava a minha, e íamos as duas a templos budistas e hindus, a sinagogas – especialmente nos dias de festa, que ela adorava – e catedrais, que eu adorava. A presença viva, atuante, de Deus estava lá para mim. As celebrações, a liturgia, as orações – até a arquitetura – tudo me atraía. Eu achava que Deus morava em uma linda casa. Sabia que Ele vivia em mim e em cada um dos fiéis. Ele abraçava toda a humanidade, unindo tudo. Eram belos dias aqueles, em que o pensamento corria livre.

Essas experiências, aliadas a outras que eu mesma procurei, alimentaram meu inato apetite espiritual. Mas muitos anos passaram – anos pesados, difíceis – até que eu me sentisse saciada pelo simples ato de me entregar ao que sabia ser um radical chamado interior. Hoje, tenho inteira confiança nas escrituras sagradas, acredito em seus requisitos de entrega incondicional. Pratico o quanto posso o que se chama de "desapego". É ao mesmo tempo uma destruição de hábitos, idéias e acomodações que me desorienta e abala e uma libertação que promove a integração de todo o meu ser e de toda a minha vida.

No entanto, antes que isso acontecesse, fui pesadamente enfraquecida por perdas dolorosas: privações econômicas e a dissolução da minha pequena família. Essas perdas me desorientaram e me fizeram buscar segurança e aplauso no mundo externo. Procurei ao máximo "aproveitar a vida", como convencionalmente se entende essa frase.

Mas um dia caí em mim, ou melhor, transcendi aquele estado de espírito. *As Confissões de Santo Agostinho* me guiaram de volta à sanidade. Essa autobiografia que descreve a volta do filho pródigo confirmou o que eu sabia, mas que, por algum tempo, rejeitei: a juventude tumultuada de Santo Agostinho, sua obstinação e a surpreendente constatação de que sem Deus ele não teria descanso nem paz interior me deram novo alento e me mostraram o caminho. Essas eram também a minha experiência e a minha motivação. Foi nessa época que tomei coragem, fui até a Igreja de São Miguel e pedi para receber o batismo cristão. Essa escolha adulta, esse primeiro compromisso assumido causaram uma transformação. Foi o que determinou os resultados espirituais que vim a colher.

Esse reconhecimento sincero e essa obediência relutante ao chamado intempestivo mas autêntico da minha vida tornaram-se um marco para as coisas em que hoje confio. O desapego e o abandono me exigiram – e construíram – a fé. A entrega à verdade da fé é uma graça. Regenera, recria e alimenta a vida. A graça nos move. Ela nos faz desejar com toda a força a reconstrução, o reajuste em uma vida de verdade. Na fé, deixamos para trás a desonestidade, a fraqueza e as sabotagens sutis que praticávamos contra nós mesmos.

Não sou eu quem vai dizer a alguém especificamente "como" proceder, ou descrever exatamente o que acontece – quais são as frases, as experiências, os sons celestiais ou os sofrimentos a esperar. Minha opinião é que aqueles que nos aconselham baseados unicamente no que aconteceu em sua vida nos roubam a surpresa e a admiração, nos prendem a uma estrutura que é deles. Cada tradição espiritual nos fornece uma chave diferente que conduz a um caminho que é único. Rituais, preces e cânticos do zen, ioga, sufismo, xamanismo, cristianismo nos despertam, cada um a seu modo.

O que realmente importa é escolher convictamente um caminho que permita o amor, que nos leve àquele centro silencioso dentro de nós que é todo paz, é esplendor, é aquela união mística que os santos incorporam a suas vidas. Santa Teresa de Lisieux disse: "[Felicidade] não é o que me atrai... É o Amor! Amar, ser amada e voltar à terra para fazer o amor ser amado."

Só o amor cura, completa, nos leva além de nós mesmos. O amor – não estou falando de um sentimento piegas ou de uma doce passividade – é ao mesmo tempo motivo e conseqüência. O amor nos leva até o lugar que profundamente procuramos, nos faz saber Quem está falando.

Como pode alguém não ser tocado – e transformado para sempre – pelas grandes e eternas criações de Deus? Na natureza, cercados pela beleza pura e imortal, respondemos ao eterno, àquele que sempre é. Pela oração, pela leitura das escrituras, pelo trabalho dedicado ou pelo serviço desinteressado cuperar a vida. Este é um renascimento que cura. A teologia formal, os mitos, a poesia, a música, a arte, a dança e nossa própria intuição instintiva também levam a esse renascimento. Os braços eternos de Deus estão mais próximos de nós do que estamos de nós mesmos.

Eu tenho uma predisposição especial para o silêncio, embora saiba que para alguns isso não faz sentido. Muita coisa pode ser feita sem falar. O mais importante é o que acontece durante o silêncio. Períodos de silêncio regeneram, simplificam e organizam a minha vida. O silêncio me fortalece, me traz paz de espírito, me dá uma nova vida – faz de mim uma nova criatura.

Praticado corretamente, seus frutos são os frutos do espírito: alegria, paz, fé, autocontrole, amor. Perdemos a necessidade de buscar aprovação; os ruídos do mundo e sua realidade sem esperança desaparecem. Talvez seja por isso que existe um provérbio judaico que diz que o silêncio cura todos os males. O silêncio ensina o amor, nos faz capazes de receber e dar amor, cada um a seu jeito. Isso quer dizer que vamos amar de modo diferente do que o mundo espera – tanto podemos surpreender quanto desapontar.

Ninguém escreve melhor sobre o silêncio do que Thomas Merton. Ele diz o que não consigo dizer: "Deixe-me procurar o dom do silêncio... onde tudo que eu toco vira oração... onde o céu é minha oração, os pássaros são minha oração, o vento nas árvores é minha oração, pois Deus é tudo em tudo."

Na verdade, minha vida é muito comum. Não é uma vida sem problemas, mas eu gosto de pegar lenha, alimentar os pássaros, lavar o chão, arrumar a cama, cozinhar, tomar banho, fazer café. Amigos e vizinhos a quem recorro em busca de conversa, conselhos ou ajuda – tanto sobre coisas práticas e úteis como sobre coisas inúteis – fazem parte da minha vida.

Conversas sobre coisas místicas e transcendências me deixam nervosa, me desconcentram – provavelmente até Deus fica irritado. A realidade física, as questões pessoais, "pé-no-chão" (e nem sempre bonitas), são uma bênção que também nos faz crescer. E certamente nos levam a Deus, favorecem o diálogo e as descobertas, além de darem sabor e importância à vida. Tudo isso, para mim, são maneiras santas e propositais de nos lembrar que quem está falando é Deus, em quem habitamos e cuja presença viva nos convida a "fazer o amor ser amado".

A Caminho de Casa

Hugh Prather

"Não importa o quanto me afastei
nos descaminhos da vida...
meu anseio por Deus sempre me tirou
delicadamente dos caminhos destrutivos."

Quando eu era criança, minha família consultava uma praticante da ciência cristã chamada Sra. Fulton, que tinha poderes curativos e a quem éramos muito fiéis. Eu me considero feliz pelo contato que tive com ela, uma pessoa humilde, honesta e absolutamente devota. Embora um de seus olhos nunca se abrisse e ela tivesse dificuldades causadas pela artrite a ponto de quase não poder andar, era completamente livre em sua capacidade mental de se dirigir a Deus.

Como não parecia uma pessoa de sucesso, a Sra. Fulton não era alvo da admiração dos que, embora praticassem a mesma religião, não a conheciam bem. Na verdade, era freqüentemente olhada com desdém por não ter sido capaz de curar os próprios sofrimentos físicos. Mas a Sra. Fulton não dava a menor importância ao que os outros pensavam, nem à relativa pobreza em que vivia. Tinha um profundo sentimento de unidade com Deus e só isso lhe importava. Embora eu recorresse a ela buscando sua natural capacidade de curar, o que mais me impressionava era a simplicidade com que se dirigia a Deus. Depois de ouvir o que eu tinha a dizer, ela simplesmente fechava os olhos e, seguindo o ritmo da respiração, pronunciava esta pequena oração:

Sou uma só Contigo,
Oh Tu unidade infinita.
Estou onde Tu estás,
Sou o que Tu és,
Sou porque Tu és.

Não sei se por influência dela ou porque já nasci assim, eu me lembro de ter sempre sentido um anseio de voltar a Deus. É um sentimento parecido com a saudade, mas sem tristeza. É como uma calorosa e adorável lembrança adormecida na mente, a memória de um tempo que todos nós conhecemos e que nada no mundo pode substituir. Não importa o quanto me afastei nos descaminhos da vida – e mais de uma vez fui até a sarjeta –, meu anseio por Deus sempre me tirou delicadamente dos caminhos destrutivos e me fez ter como única preocupação voltar para casa.

No início do nosso longo casamento, Gayle e eu desenvolvemos uma profunda convicção sobre o modo como queríamos encarar nossas vidas em relação a Deus. Nosso objetivo tem sido buscar Deus por Ele mesmo e por nenhuma outra razão. Aprendemos que não podemos esperar que esse nosso esforço faça o mundo funcionar melhor para nós. Sempre que cedemos à idéia de que Deus (ou a Verdade) pode ser usado, ficamos confusos e frustrados com a vida. Na verdade, o desencorajamento que sentimos nesses momentos serve para sinalizar que de alguma forma houve um erro.

Existe um princípio composto de duas partes a que estamos

sempre recorrendo. Primeiro, precisamos assumir a vida como ela é hoje. Nosso compromisso é com o corpo que temos, com os nossos filhos, com a nossa casa e o nosso trabalho, até mesmo com os nossos sintomas físicos e a situação que estamos vivendo. Nosso compromisso é também com os nossos erros e com os dos outros. Temos que ver esses erros claramente e aceitá-los como parte do caminho para casa – como oportunidades de aprendizagem que nos ensinam a impedir novos erros e a crescer.

A segunda parte é que, em qualquer circunstância, devemos sempre nos voltar para Deus. Em cada encontro, por menor que seja, em cada detalhe de cada acontecimento, devemos sempre nos voltar para Deus. E é preciso continuar a agir assim até fazer com que qualquer atividade nossa se transforme em oração. Escovar o pêlo do cachorro, fazer as contas do talão de cheques, esperar por alguém que se atrasou, contratar um empregado, dizer sim, dizer não – tudo é oportunidade de conhecer a paz de Deus. Não através de um código de conduta, mas através de um profundo sentimento.

O que acontece em nossas vidas não corresponde à qualidade ou à quantidade dos nossos esforços. Freqüentemente achamos que a nossa devoção vai nos trazer uma recompensa. Recorremos a Deus e depois verificamos o que acontece, em busca de uma confirmação. Mas não há muita ligação entre processo e resultado – gente cruel vive bem e vice-versa. É no processo que se pode ver Deus, não no resultado.

Quando reconhecemos que as coisas não precisam dar certo para que sejamos felizes, que as pessoas não têm que agir de uma determinada maneira para que gostemos delas, o caminho de casa fica surpreendentemente simples. Adquirimos um enorme poder, não de manipular o mundo, mas de sermos felizes e encontrarmos a paz. O segredo para encontrar Deus é entender que nenhuma grande realização espiritual é necessária. Basta querer sentir a presença de Deus.

É praticamente irrelevante saber como as pessoas desenvolvem a consciência de Deus e os métodos que utilizam, porque cada um sente qual a melhor maneira de proceder. Alguns começam pela meditação. Outros usam uma forma tradicional de oração. Outros ainda sentem a presença de Deus quando estão servindo a um determinado grupo, ou apenas se dedicando aos filhos, à esposa, à família. Quando olhamos para dentro dos nossos corações e formulamos a pergunta "Como posso experimentar a bondade? Que esforços posso fazer hoje para ser o tipo de pessoa que eu quero ser?", temos algum tipo de intuição quanto ao caminho a seguir, e essa intuição é suficiente.

Sugiro que, ao acordar, você estabeleça um objetivo simples para o dia. Por exemplo: olhar para todas as coisas vivas da maneira como você acha que Deus olha para elas. Vale a pena estabelecer horários específicos para lembrar do seu objetivo, como toda vez que ligar ou desligar o carro. Reserve um tempo um pouco mais longo para meditar. Olhe para dentro do seu coração e tenha confiança nos sentimentos que perceber. E antes de dormir concentre-se por alguns minutos para deliberadamente deixar para trás o dia que termina e desapegar-se de qualquer acontecimento que possa ter causado alguma perturbação. Organize essas práticas da maneira que preferir, mas não deixe de adotá-las. É importante e útil ter um programa espiritual.

Comece já. É um erro fatal só querer começar quando as circunstâncias forem ideais. Esperamos pelo parceiro – ou parceira – certo, por um bom salário, pela melhora na saúde, pela hora adequada. Já perdemos tempo demais esperando por circunstâncias favoráveis. Além disso, algumas das pessoas mais santas do mundo chegaram à santidade em meio às mais adversas circunstâncias. A única diferença é que elas não esperaram para começar.

Quando sentimos a paz de Deus, não temos a menor dúvida do que se trata. Quem conhece a verdadeira paz sabe perfeitamente quando não a está sentindo. A paz fica ausente quando julgamos alguém, quando justificamos nossa raiva, nosso egoísmo, nossa omissão, ou quando contrariamos o mais profundo impulso do nosso coração. Mesmo as pequenas traições, sejam nossas ou dos outros, têm efeitos devastadores na nossa paz. Em outras palavras: a ausência de Deus é intolerável.

Ao experimentar a paz ficamos menos exigentes nos nossos relacionamentos, resolvendo ou até mesmo eliminando problemas crônicos. Quando a paz se torna nossa meta principal, as decisões sobre finanças, saúde ou qualquer aspecto da vida ficam mais tranqüilas e as escolhas são feitas com mais liberdade. Quando Deus – e não as circunstâncias – é o que há de mais importante, as mudanças externas perdem o poder de nos afetar.

A nossa devoção não vai mais ficar em um compartimento isolado de onde só sai para ser exercida algumas vezes por dia e em certas situações. Todas as atividades e decisões se tornarão práticas espirituais e nossa recompensa será ter Deus participando de todas elas. Assim, tudo que viermos a desejar e conseguir será "apenas um passeio mais íntimo com Ele".

Compaixão em Ação

Madre Teresa

*"O fruto do amor é o serviço,
que é a compaixão em ação."*

Para mim, Deus e compaixão são um só e a mesma coisa. Compaixão é tentar entender e participar do sofrimento alheio. Compaixão é a alegria de repartir. É fazer pequenas coisas por amor ao outro – apenas sorrir, carregar um balde de água, ser gentil de alguma forma. Desses pequenos gestos é feita a compaixão.

O orgulho, o egoísmo e a frieza nos impedem de ter compaixão. Quando afinal formos para casa, para Deus, seremos julgados pelo que fomos uns para os outros, pelo que fizemos e, especialmente, pelo amor que colocamos em cada um de nossos atos. O que importa não é o quanto damos, mas quanto de amor colocamos no que fazemos – isso é compaixão em atos concretos.

A religião de uma pessoa não tem nada a ver com a compaixão. Mais importante do que a religião é o nosso amor por Deus. Cristãos e não-cristãos se unem para ajudar, tanto em nossa casa de Calcutá como em outras casas espalhadas pelo mundo. Temos voluntários de todas as religiões trabalhando dia e noite. Uma religião é verdadeira quando nos ajuda a nos aproximar de Deus, não a nos afastar. Tudo o que Deus quer é o nosso amor, e a maneira de demonstrar o amor que sentimos por Ele é servindo aos outros.

Precisamos de muita oração para sermos capazes de dar o máximo de nós mesmos. A impressão que se tem ao olhar o mundo é que quanto mais as pessoas têm menos dão. Aqueles que possuem menos repartem o pouco que têm com muito mais generosidade.

Há uma grande necessidade de comida, roupas, remédios, amor e carinho. Essa é a maior carência. Temos casas para doentes em estado terminal, leprosos, crianças, para o mais pobre dos pobres. E abrimos, nos Estados Unidos, uma casa para pessoas com AIDS.

Minha mensagem é simples: devemos nos amar uns aos outros como Deus ama a cada um de nós. Mas o amor exige um coração puro. O que purifica o coração é a prece, a oração. O fruto da oração é o aprofundamento da fé e o fruto da fé é o amor. O fruto do amor é o serviço, que é a compaixão em ação.

A compaixão não depende da religião. O mais importante é o nosso amor por Deus, porque fomos todos criados com o único objetivo de amarmos e sermos amados.

A Espiritualidade e a Criação

Matthew Fox, Ph.D.

"Quando sinto que estou dando o melhor de mim,
o trabalho é minha oração.
O trabalho e a oração vêm do mesmo lugar – do centro, do coração."

Minha relação com Deus começou quando eu era criança. Cresci em uma família católica praticante – meus pais e seis irmãos. Aos doze anos tive pólio e fiquei muitos meses no hospital, e as pessoas achavam que eu não voltaria a andar. Meu sonho de adolescente era jogar futebol. Tive que abrir mão do meu sonho e de quase tudo que fazia. As crianças tendem a encarar a morte (e a desapegar-se) mais diretamente do que os adultos. Portanto, essa foi uma experiência altamente amadurecedora para mim.

Quando recuperei o uso das minhas pernas e consegui fazer novamente muitas coisas, inclusive jogar futebol, me enchi de gratidão pelo que antes considerava natural – a capacidade de andar. Desde então, a gratidão está no centro da minha espiritualidade. Está ligada à admiração – pelo fato de ter pernas ou outras funções, simplesmente por estar aqui.

Foi quando comecei a pensar em me tornar padre. Muitos fatores contribuíram para essa idéia. Havia os maravilhosos campos, florestas e lagos de Wisconsin, onde eu rezaria. Havia a missa católica, especialmente a de sábado, em que os padres lêem a sabedoria da Bíblia. Os textos bíblicos são, na verdade, palavras feministas e cosmológicas sobre a Deusa Mãe, que me falam à alma. Foram eles que trouxeram para mim, como homem, a dimensão feminina da divindade.

E havia a música. Eu ouvi Beethoven pela primeira vez quando cursava o ensino médio. E senti a alma levitar. Houve a literatura – Shakespeare e, acima de tudo, *Guerra e Paz*, de Tolstoi.

Minha experiência com a oração é tanto mística quanto profética. O aspecto místico é a minha paixão pela vida. O aspecto profético é a crucificação da Divindade, que acontece sempre que há uma injustiça. Essa combinação de prazer (misticismo) e luta (profecia) é a dialética que cria minha espiritualidade e minhas experiências com Deus.

Muitos caminhos levam a Deus. Quatro deles correspondem ao que chamo em minha teologia de "Os Quatro Caminhos da Criação da Espiritualidade". Para mim, a Divindade está presente em todos os quatro caminhos.

O primeiro caminho é a Via Positiva, ou a experiência da divindade como bênção da criação. Eu posso pegar uma folhinha de grama e experimentar seus vinte bilhões de anos de história, sua cor, forma e textura. Os artistas fazem isso: desenham a folhinha de grama e captam sua divindade. Podemos sentir admiração e reverência ao experimentar tanto o planeta quanto um cão ou um amigo. Tudo que existe é sagrado. Deus habita em seu interior e se revela.

Essa experiência da divindade é muito simples. É onipresente. O problema é a nossa consciência. Ao simplificar a nossa consciência para experimentar essa presença da divindade em todas as coisas, voltamos para nossa verdadeira Casa.

O segundo caminho, a Via Negativa, é o da escuridão, do vazio, da ausência, do nada. Essa é uma experiência muito importante que ocorre quando sofremos ou vivenciamos o sofrimento do outro, quando duvidamos ou sofremos uma perda. No processo de perda existe sempre um mergulho, e nunca sabemos se vamos conseguir voltar à tona. Mas o próprio mergulho é uma experiência divina. É preciso muita confiança. A escuridão é também um tipo de revelação da divindade, embora impossível de ser traduzida em palavras. Em última análise, é silêncio. E com o silêncio vem a união com Deus.

O terceiro caminho é chamado Via Criativa. É uma explosão. É quando voltamos à tona, saindo da escuridão, ou quando a luz penetra no túnel. Da história da crucificação de Jesus (Via Negativa) vem a ressurreição do domingo de Páscoa (Via Criativa). A pedra é afastada e a tumba se abre. O processo do mergulho nos deixa tão despojados, tão vazios, que ficamos prontos para o novo. O terceiro caminho é essa novidade – essa criatividade.

Como escritor – assim como qualquer artista em processo de criação –, às vezes me dou conta de que sou apenas um instrumento, um canal, um conduto para um espírito muito maior do que eu. Alguma coisa verdadeira passa através de mim, em parte porque fui tão esvaziado pela Via Negativa, que não controlo mais nada. A Via Criativa é uma imensa experiência de divindade. Todos temos essa via, porque todos temos alguma criatividade. Essa é a experiência da co-criação. E então entendemos: "Estamos criando com Deus e Deus precisa de nós para criar."

O quarto caminho é a Via de Transformação. Esse caminho leva a imaginação – essa criatividade, essa nova alegria, esse poder de ressurreição – para a sociedade. Eis a missão do profeta: tirar os outros de sua acomodação distribuindo boas-novas. Nem todos estão querendo receber os frutos da nossa contemplação, pois existe quem esteja contente com o estado atual das coisas.

A Via de Transformação é o caminho da luta, da compaixão e da celebração. O Deus da Celebração se une às pessoas em seus rituais, faz com que elas voltem a usufruir a vida, a ver a vida com olhar de criança, a enxergar o deslumbramento, a maravilha e a simplicidade da folhinha de grama.

O quarto caminho passa também pelo enfrentamento das estruturas que nos oprimem física ou socialmente. Os movimentos de Gandhi, Martin Luther King ou da revolução nicaragüense, por exemplo, são obras do caminho da criação levadas para a esfera social e transformando o mundo.

Como cultivar uma relação íntima com Deus? Se fosse dar um conselho, eu primeiro perguntaria: Que poetas você lê? Que tipo de música mais lhe toca? Quais os temas sociais que despertam a sua paixão? Que trabalho você mais gosta de fazer? Quando é que você mergulha em encantamento? Quando se sente em conexão com o universo? Onde está a sua maior alegria? E quanto à escuridão? O que você sabe do nada? O que você conhece do Deus do escuro?

Além disso, eu respeitaria suas experiências. Algumas pessoas viveram uma história de muita dor. Ter sido uma criança rejeitada, por exemplo, influi significativamente sobre a nossa experiência de Deus e do mundo.

Eu incentivaria você a desenhar, a usar o lado direito do cérebro. Costumo pedir às pessoas que façam um desenho representando suas experiências com Deus quando tinham dez, vinte, trinta anos. Então, sugiro que reflitam sobre a relação entre as três experiências, sobre as mudanças que a imagem de Deus foi sofrendo. É triste, mas muitos adultos ainda usam a mesma imagem de quando tinham oito anos. Em outras palavras: sua espiritualidade não amadureceu. Mas está lá, em potencial, latente. Eu trabalharia com a imagem, em vez de usar apenas palavras.

"Nós vivemos em Deus e Deus vive em nós." Quando falo em "nós", não estou me referindo apenas aos seres humanos, mas a todo o universo, a todas as criaturas. Precisamos reaprender a nos encantar com a presença de Deus em todas as coisas. Acredito que a experiência básica que a maioria das pessoas tem de Deus é como a de Einstein: admiração pelo universo, visão do cosmo como a nossa morada e Deus vivendo aí.

Quando sinto que estou dando o melhor de mim, o trabalho é minha oração. O trabalho e a oração vêm do mesmo lugar – do centro, do coração. Todo trabalho deve ser obra do coração: no coração ele tem sua origem e seu destino. Todo trabalho autêntico é um esforço para tocar o coração do outro. Tanto pode ser música como religião saudável, comércio honesto ou a criação de objetos úteis para a humanidade. O trabalho é o meio que os adultos têm de retribuir a bênção de estarem aqui, deixando um legado para as próximas gerações. Trabalho é relacionamento. Espero que outros relacionamentos, como amizade, reciprocidade, comunhão e intimidade, venham do mesmo centro.

Como entramos em contato com esse centro? Através do primeiro, segundo e terceiro caminhos, especialmente daquele ponto entre o segundo e o terceiro. Entre o vazio da escuridão e a criatividade existe um ponto inerte e silencioso que experimentamos como nosso centro. É por ele que a luz e a graça passam e se derramam sobre todos os nossos relacionamentos.

Uma das mais profundas e completas formas de oração que já

usei é a oração dos índios norte-americanos. Aproveito a sabedoria milenar das tribos indígenas. Faço uma prece indígena e, no fim, sempre digo *A Ho Mitakye Oyacin,* que significa "para todas as minhas relações".

Os índios norte-americanos celebram constantemente todas as relações que têm: com a terra, com as pedras, os pássaros, as árvores, as nuvens, todas as pessoas de todas as raças e religiões e, é claro, com a divindade e os espíritos. Na nossa cultura antropocêntrica, ouvimos a palavra "relação" e logo pensamos em relações familiares, amorosas e em outros relacionamentos com seres humanos. A verdadeira tradição mística, porém, diz que as nossas relações vêm do útero que deu origem a todos nós: o útero cósmico de Deus. Os nativos voltam a esse útero pela Via Negativa, recolhendo-se num espaço fechado para orar e saindo dessa experiência de escuridão e vazio para a criatividade.

Volte a ser criança – adolescente não basta, seja criança – e brinque, transforme-se em um ser que brinca no universo. Acredite que, como todos os grandes mestres nos ensinaram, o universo é amistoso e nos abençoa constantemente. Pratique o altruísmo consciente. Se pudermos aprender novamente o prazer e a brincadeira, reaprenderemos a sabedoria. É assim que acompanharemos Deus na nossa jornada e pelo universo.

Que Vida Pessoal?

Reverendo Michael Beckwith

"A união com pessoas que estão na mesma busca cria um campo de receptividade de que todos podem se beneficiar. Quando nos reunimos para rezar, celebrar e reverenciar, dirigindo o foco da nossa atenção para Deus, para a bondade, o amor, o serviço e a beleza, conseguimos penetrar mais fundo nesses valores."

Na verdade, nós não temos uma vida pessoal separada de Deus. O que chamamos de nossa vida é a presença de Deus personificada em nós. A ilusão de uma existência separada de Deus causa grande dor, frustração, desconforto e doença. Nosso trabalho espiritual consiste em acabar com a ilusão de que a nossa vida é aqui e a de Deus em algum outro lugar. Todo o nosso trabalho de oração, meditação e afirmação – o caminho que os indivíduos seguem para crescer espiritualmente – consiste, em primeiro lugar, em eliminar a idéia de separação de Deus.

É um trabalho extremamente importante porque, sem a consciência do que somos, o padrão único do Deus que existe dentro de nós não se expressará. Cada ser humano, como cada flor, tem um padrão único de expressão. Todos trazemos um caleidoscópio de coisas boas – uma dimensão mais profunda a que temos acesso pela consciência de que Deus se expressa através de nós e como nós. Ou seja: o trabalho espiritual não é apenas importante, é a única alternativa. É a razão pela qual estamos aqui.

O objetivo da roseira é crescer e se desenvolver o suficiente para florescer. Quando você tiver amadurecido espiritualmente, vai florescer na consciência da unidade com Deus. A falta dessa consciência torna a pessoa imatura, por mais que tenha se realizado material, intelectual ou emocionalmente.

O processo pode ser difícil. Eu acredito que quando achamos que somos separados de Deus pensamos que podemos controlar nossa vida. Na verdade, como a vida de Deus é a nossa, ela se governa. Mas nós resistimos a permitir que Deus se manifeste através de nós porque uma parte do nosso ser quer continuar a mesma. Em vez de nos transformarmos, queremos mudar o mundo e as outras pessoas. E, no entanto, crescimento espiritual é exatamente o contrário. É abrir mão de falsas idéias, opiniões e impressões erradas, para que essa outra dimensão possa vir à tona. É trocar de identidade. Transformar-se é estar, pela primeira vez, plenamente vivo.

Há algum tempo ajudei a compor uma canção que falava de pessoas adormecidas sonhando que estão acordadas. Eu acredito que as pessoas comuns são como sonâmbulos que tentam, em sonho, controlar o mundo e se sentir confortáveis. Então, quando acordam, descobrem que se encontram literalmente imersas e rodeadas pela presença de Deus. Estão na graça de Deus e a graça de Deus está nelas. Sentem-se inteiramente vivas e revitalizadas – e se perguntam o que faziam até então.

Minha paixão por Deus é um amor profundo e permanente pela presença de Deus. Deus é tudo para mim. Enxerguei a luz há vinte anos e nunca mais olhei para trás. Esse nível de paixão, essa fome permanente de verdade e justiça não diminuíram com o passar dos anos. Ao contrário, cresceram. Minha disciplina e meu empenho são ainda maiores hoje do que quando comecei. Constantemente verifico se estou disponível para a presença de Deus. Essa consciência me alimenta, dando-me uma paixão e energia impossíveis de obter no mundo.

É comum as pessoas me perguntarem quanto tempo passo meditando ou rezando. Eu respondo que medito de manhã, à noite e durante o dia todo. Surpresas, elas me dizem que só um super-homem é capaz disso. "Pelo contrário", eu digo, "super-homem é quem não faz isso e consegue viver em um mundo com tantas e tão poderosas influências que atentam contra a espiritualidade."

Já vivi das duas maneiras, e prefiro o caminho da oração e da meditação diárias. Cada vez que reafirmo meu compromisso com a visão de Deus, alguma coisa dentro de mim atua. Não fico preso às limitações da minha inteligência e do meu poder. Para mim, é muito mais fácil me entregar à Presença, a Deus, ao Amor. Só preciso deixar o caminho livre. Tenho que me entregar. Tenho que estar disponível.

Todos podem chegar a um relacionamento pessoal com Deus. Basta ter seriedade, disciplina e determinação. Se uma pessoa deseja de verdade acordar, seu empenho rende frutos. Quando as escrituras dizem, e elas dizem isso de muitas maneiras, que aqueles que têm fome e sede de verdade e justiça serão satisfeitos, eu acredito que estão afirmando que o nosso sincero empenho faz Deus real para nós.

É importante saber a diferença entre um aspirante e um discípulo. Para mim, aspirante é quem quer os resultados da vida espiritual sem pagar o preço por ela. Discípulos, ao contrário, se rendem completamente ao desejo ardente de acordar aquilo que têm dentro de si. E quem realmente quer se tornar discípulo insiste até acordar, seja indo à sinagoga, à igreja ou a um centro espiritual, lendo os livros que podem ajudá-lo ou buscando onde quer que seja idéias inspiradoras. Toda essa atividade do discípulo cria uma atmosfera em que a descoberta profunda acontece. Uma voz interior falará com ele.

Alguns escolhem o caminho de ficar disponíveis para Deus desde o início. Outros precisam de um empurrão. Os que não fazem nada, apenas esperando que as recompensas da espiritualidade caiam do céu, estão ingressando na escola da dor. As prisões criadas por eles mesmos causam angústia, que, por sua vez, cria a necessidade de uma busca efetiva. Vão sendo empurrados pela dor até que a visão aparece e toma conta. Nesse momento há mais um passo a dar: escolher abraçar a visão e deixar a dor para trás.

Qualquer que seja o caminho, se você atender ao desejo ardente do seu coração de conhecer Deus, se meditar todo dia, se procurar livros inspiradores ou ouvir textos que ajudem a se voltar para dentro de si, a recompensa vai chegar. Sua realização espiritual vai se tornar mais real do que a sua experiência do mundo. Quando isso acontecer, quando Deus se tornar mais real, você vai descobrir a alegria de praticar o compromisso e a disciplina para manter-se sempre consciente de Deus. Não importa quem você seja: o pior criminoso e a pessoa mais generosa têm a mesma oportunidade de criar um relacionamento pessoal com o espírito do Deus vivo.

Inicialmente marcamos momentos específicos para o encontro com Deus. Se você reservar um tempo diariamente no mesmo horário, vai ver que isso acaba se tornando um hábito e um modo de vida. Quando comecei, eu acordava todo dia às sete para meditar e rezar. E, antes de dormir, eu sempre meditava, rezava e lia algum texto ligado à espiritualidade. Aos poucos, a separação entre a prática espiritual e o resto das minhas atividades foi desaparecendo. Eu descobri que, embora o meu horário oficial de prece e meditação terminasse às oito, eu continuava rezando. Quando tinha contato com alguém por causa do meu trabalho, a oração ainda estava comigo. Se sentia um impulso de dizer palavras agressivas, a oração me acalmava. Depois de algum tempo, me convenci de que, para mim, vida e oração eram uma coisa só. Em vez de incluir a meditação e a prece na minha rotina, eu construí a vida em torno da celebração da presença de Deus.

Atualmente, a oração formal tem, para mim, a função de ampliar o meu modo de vida. Quando acordo, a primeira coisa que faço é dizer: "Obrigado, meu Deus – pela vida, pelo ar que respiro. Obrigado por tudo. Sim, estou aqui para ti. Sim, estou às tuas ordens. Sim, estou pronto." Ainda que eu não sinta esse "sim" profundamente, procuro afirmá-lo com convicção: "Sim. Sim à vida. Sim ao amor. Sim a Deus. Sim à beleza. Sim à criatividade, à excelência, à integridade. Sim, sim, sim, sim, sim, sim, sim, sim."

Também pratico exercícios físicos. Pratico ioga, faço caminhadas e exercícios leves. Medito e rezo formalmente pelo menos durante meia hora. Em geral, dedico uma hora ou mais para estar em comunhão com Deus. Duas vezes por ano, procuro fazer um retiro espiritual, em que passo de três a sete dias em silêncio.

Há muitas maneiras de experimentar Deus. Mesmo quando achamos que Deus é um ser à parte, Ele flui através de nós. Às vezes, pensamos que não estamos prontos ou não somos dignos de Deus, mas nos abrimos e Ele se derrama através de nós, apesar das nossas fraquezas. Em alguns momentos, como se houvesse pouca luz, não conseguimos enxergar claramente, e apesar de sabermos intelectualmente da nossa ligação com Deus, Ele parece distante. Finalmente, existem momentos em que não podemos dizer onde Deus termina e nós começamos, ou onde se inicia a vida de Deus e acaba a nossa. É essa a perfeita união com Deus. Em todos esses momentos, a oração é importante, porque ela muda nossa percepção – deixamos de nos ver separados de Deus e tomamos consciência de que formamos uma Unidade com Ele.

Mesmo aqueles que tentam viver uma vida de que possam se orgulhar cometem enganos. Errar é natural e humano, mas, com muita freqüência, as pessoas se culpam. Todos temos que aprender a nos perdoar. A autopunição só serve para impedir que você se abra à graça de Deus que está sempre presente. Deus nos ama e nos conhece muito bem. Sua natureza é o amor. Sabendo disso, fica muito mais fácil retornar à Sua graça. Quando você reconhece o seu erro e se arrepende sinceramente, esse arrependimento não significa autopunição, mas aprendizado para não repetir o mesmo comportamento. Você se aceita e torna a ficar disponível para Deus, porque Ele permaneceu sempre disponível. Quem interrompeu o relacionamento foi você, ao se agarrar à culpa e pensar que iria receber o castigo de Deus.

Outra parte importante da nossa jornada espiritual são o companheirismo e o sentido de grupo. A união com pessoas que estão na mesma busca cria um campo de receptividade de que todos podem se beneficiar. Quando nos reunimos para rezar, celebrar e reverenciar, dirigindo o foco da nossa atenção para Deus, para a bondade, o amor, o serviço e a beleza, conseguimos penetrar mais fundo nesses valores. A energia do grupo amplia o trabalho.

O companheirismo é importante em nossa sociedade ocidental voltada para o consumo, as conquistas, o acúmulo, a avidez e a competição. Parece normal atribuir o sucesso às pessoas que se destacam nesses campos. Mas quando você se une a outras pessoas que também estão tentando crescer espiritualmente, passa a vivenciar um conjunto de valores diferente: compaixão, doação e generosidade na distribuição do amor, do tempo e do apoio, em vez da competição. Fazer parte de um grupo torna a vida mais dinâmica e é muito importante para o crescimento espiritual.

Na comunidade espiritual é possível ter uma visão da realidade que muda seu ponto de vista, relativizando suas emoções e redirecionando seus pensamentos. É lindo ouvir alguém do grupo afirmar: "Depois que nos demos as mãos e rezamos juntos eu passei a ver as coisas de outro modo."

O companheirismo é realmente importante, mas é preciso desenvolver um trabalho individual para alimentar permanentemente sua visão de Deus e sua conexão com Ele. Esta é a forma de enriquecer o próprio grupo.

Para mim, a chave do crescimento espiritual e da consciência de Deus é o entendimento de que não estamos no mundo para buscar um novo sistema de crenças, mas para procurar maneiras de acordar o nosso verdadeiro eu. Cada um tem que se tornar a melhor pessoa dentro de suas possibilidades. Essa busca não pode se restringir a escolher uma religião, este ou aquele mestre, esta ou aquela crença. A busca consiste em procurar descobrir o que podemos fazer para saber quem somos e, então, expressar a nossa identidade espiritual através dos atos humanos. Quando focalizamos mais a expressão de Deus em nossas atividades diárias deixamos de ser vítimas de forças externas e nos tornamos manifestações do grande amor e da sabedoria de Deus.

Em Busca da Luz

Stephen Levine

"Pode-se dizer que é impossível
conhecer Deus com a mente.
Só se pode experimentar Deus com o coração."

Quando eu tinha treze anos, participei de um acampamento de verão dirigido por um bondoso brutamontes que era um cientista cristão. Ele me proporcionou uma das minhas primeiras experiências do divino. Seu jeito de ser passava uma ética e uma benevolência como eu ainda não tinha visto. Um dia, recebi um telefonema dos meus pais, muito aborrecidos por causa da queixa de um vizinho que garantia que eu tinha roubado alguma coisa da casa dele. Meus pais estavam ofendidíssimos e exigiam que eu reparasse o erro imediatamente.

Como fui atender o telefonema no escritório do acampamento, o diretor ouviu uma parte da conversa e percebeu o medo e a aflição que eu estava sentindo. Assim que desliguei, ele passou o braço em volta do meu ombro. Encostei a cabeça em seu peito e chorei. Por entre soluços, escutei quando ele disse: "Tudo vai ficar bem. Respire uma ou duas vezes. Vai ficar tudo bem." Ouvindo suas palavras de conforto, olhei para a parede da sala e vi um quadro onde estavam bordadas as palavras "Deus é Amor". Eu me lembro claramente de, naquele momento, pela primeira vez, entender alguma coisa da natureza de Deus. Compreendi que aquele homem me oferecia o próprio Deus, a compaixão, a aceitação incondicional do ser humano que eu era, com todas as dúvidas que fazem parte da experiência de vida a caminho do amadurecimento.

Muitos anos depois, durante um curso que tratava da autodescoberta e do serviço, Ramana Maharishi me lembrou repetidas vezes: "Deus, o Guru e o Eu são um só." À medida que fui aprofundando minha prática, o sentimento de ser separado de Deus diminuiu. E quando alguma terrível ansiedade se manifestava momentaneamente, eu deixava que fosse sendo absorvida pelo próprio Deus – em uma experiência cada vez mais profunda de integração a tudo que existe ou vai existir. Uma experiência que gera uma paz e uma felicidade raramente experimentadas.

Há alguns anos, eu estava praticando uma meditação budista quando em minha mente uma porta se abriu e vi entrar a figura iluminada de Jesus. Fiquei surpreso: "Acho que está enganado. Sou budista. Talvez esteja procurando alguma outra pessoa." Ele sorriu com o sorriso do coração, que não conhece separação. Sua presença encheu o cômodo com a infinita misericórdia do coração partilhado. Ele fez um sinal para que eu ficasse quieto e ouvisse. Minha mente, cheia de regras rígidas, abriu-se, expondo o sagrado coração que batia em meu peito. Fiquei em êxtase por vários dias.

Nessa experiência, conheci o Imortal, aquele que precede o nascimento e se estende além da morte. Quando me perguntaram mais tarde sobre o significado da experiência, eu consegui dizer apenas que era a experiência de Deus, do nosso Deus natureza, da realidade subjacente a tudo, do oceano de existência onde flutuam pequenas ondas de pensamento e personalidade.

A partir de então, venho usando com freqüência o termo "Deus". Eu me sinto muito à vontade com esse termo, porque não tenho a menor idéia do que quer dizer. Mas não vejo lugar onde ele não esteja. Na verdade, pode-se dizer que é impossível conhecer Deus com a mente. Só se pode experimentar Deus com o coração. Você não pode conhecer Deus. Só pode ser Deus.

Em todos os nossos movimentos e buscas existe uma profunda nostalgia de Deus. Quando tocamos um outro ser, é Deus que estamos tocando. Olhar para uma flor, ver seu viço, sua beleza, sentir seu perfume, é uma experiência forte dentro de nós. Quando pegamos no colo uma criancinha, quando ouvimos uma música maravilhosa, quando olhamos nos olhos de um santo, o que nos atrai é a profunda nostalgia da nossa verdadeira natureza, da paz e da cura que nos pertencem por direito. Essa nostalgia nos leva diretamente ao encontro daquele ser de pureza que, à falta de outra palavra, chamamos de Deus.

Em certo sentido, não existe isso de "ir para casa em Deus". Nós já estamos em casa. Só temos que nos acomodar na cadeira da sala que está à nossa espera. Ou, como diz minha mulher, Ondrea: "Os braços da mãe estão sempre ao seu redor. Tudo que você precisa fazer é apoiar a cabeça em seu ombro."

Todas as nossas experiências seguem seu curso e sofrem mudanças. Cada toque, cada pensamento, cada sensação de gosto, som, perfume tem início, meio e fim. Somente uma experiência é constante em nossas vidas: a experiência de existir. A minha experiência de existir e a sua experiência de existir são exatamente as mesmas. Mas se eu me vejo como algo separado de você, surgem as guerras santas e vem a destruição. Quando eu e você deixamos de ser separados e nos juntamos em uma unidade que se integra a todas as coisas, aquele oceano de existência onde nosso pequeno "eu" flutua é facilmente descrito como Deus.

Eu concluí, depois de mais de vinte anos de prática de meditação budista, que observamos nossas mentes para descobrir quem não somos. Porque Deus está além da mente, no lugar em que as respostas condicionadas deixam de existir, e nós vamos adiante do que parece real. Mas, para passar da separação à unidade, é preciso passar da mente ao coração.

Um dos nossos mestres disse que a prática da descoberta do divino é a prática da recordação: lembrar de prestar atenção ao conteúdo da mente e enxergar além dele, lembrar de estar presente nos momentos em que a mente se encontra tão ocupada, que o coração fica menos disponível. Como disse Thomas Merton: "A oração e o verdadeiro amor se aprendem nos momentos em que é impossível rezar e o coração vira pedra."

Existem muitas maneiras de ajudar a lembrar. Nada me ajuda mais a "lembrar de Deus" do que a prática diária da meditação. Todo dia, durante algum tempo (ou várias vezes por dia), Ondrea e eu nos sentamos e prestamos atenção na nossa respiração e nos movimentos da mente, nos pensamentos que vêm e vão.

No Zen existe um pensamento maravilhoso: "A primavera chega por si e a grama cresce por si." É um pensamento que nos mostra que a sabedoria consiste em deixar de lado as tentativas de manter tudo sob controle e de fugir da dor (que, então, se transforma em sofrimento). Abrir mão do controle é entrar na criação através da transformação. Não precisamos mudar absolutamente nada para experimentar concretamente a absoluta vastidão do nosso verdadeiro ser. Avançando além da mente, além de tudo que impede a chegada ao coração, descobrimos quem sempre fomos e quem sempre seremos.

Atualmente, não sinto mais o êxtase da comunhão que antes experimentava regularmente. Em seu lugar, percebo um murmúrio de paz e confiança em minha verdadeira natureza. O que um dia foi o centro da minha vida – o amor de Deus e a consciência – agora se espalha em mim, se integra melhor, é mais "comum". De muitas maneiras a experiência mais presente agora é aquela sensação de conforto que é a minha verdadeira natureza, muito diferente da montanha-russa de altos e baixos que me fazia sentir ora em união com Deus, ora distante dele. Hoje, sinto que onde estou Deus está. Quando me entrego sinceramente, nada fica separado de Deus.

Mesmo durante aqueles períodos penosos e sofridos pelos quais todos nós passamos, Deus está presente. Por trás das variações de pensamentos, sentimentos e recordações existe uma amplidão, uma graça, um prazer em existir que vai além da nossa compreensão. E tudo o que resta é Deus.

Deus, o Amor Global

Barbara Marx Hubbard

"Eu acredito que o mundo está se transformando..."

Foi por volta dos dezoito anos que, pela primeira vez, tive consciência de Deus, mas não o chamei de "Deus". Eu fui criada em um ambiente agnóstico e materialista. Na época, só sabia que sentia uma grande atração por alguma coisa que fugia ao meu padrão de vida. Como não tinha consciência do que me atraía e não encontrava explicação no que já tinha vivido, confundi aquele impulso com angústia. Por muitos anos segui o que chamei de "busca de um significado maior, de um objetivo mais amplo para a vida", mas só muitos anos depois pude reconhecer o que sentia.

Em um dia de 1966 tive a primeira das que chamei "experiências de espiritualidade máxima", a que me lançou no caminho do relacionamento com Deus. Enquanto passeava por uma colina, eu ia pensando em um texto de Reinhold Niebuhr sobre a sociedade, que tinha acabado de ler. Nele havia uma citação de São Paulo: "Todos os homens são parte de um só corpo." Com essa idéia em mente, perguntei em silêncio ao universo: "Qual é a nossa história? O que, na nossa era, é comparável ao nascimento de Cristo?"

Com essa pergunta na mente, entrei em uma espécie de sonho de olhos abertos. De repente, foi como se passasse na minha cabeça um filme em que eu via a mim e a todas as outras pessoas como células do corpo vivo de Gaia. Naquele instante, me senti uma célula do corpo vivo do todo. Na visão da minha mente, as águas da Terra ficaram límpidas, as armas desapareceram e o alimento seguiu seu trajeto pelo corpo planetário. Eu ouvi as palavras "Nossa história é um nascimento. É o nascimento da humanidade como um só corpo".

O primeiro passo do meu relacionamento com Deus foi a experiência de fazer parte de um todo vivo. Essa experiência me fez entender que todos participamos do processo da criação. Tanto somos criados como criamos. O destino definitivo da raça humana é empreender um novo grande salto, como o que aconteceu da inexistência para a existência ou da vida animal para a vida humana. Eu comecei a ver que, embora pequenos, cada um de nós tem seu próprio relacionamento com Deus. Eu senti aquela voz, aquela visão ou o que quer que fosse como a voz de Deus além de mim, embora ligada a mim.

Passei a meditar e fazer perguntas à voz. Cultivei uma voz de Deus interna que, como aprendi então, está em todos nós e pode ser ouvida sempre, se aprendermos a ouvir. Tenho consciência de que estou permanentemente em contato com aquela Fonte de Criação. A voz de Deus foi me levando a abandonar meus sentimentos de separação e me preparando para assumir uma importante missão: contar a história da humanidade como um corpo único que nasce para um novo relacionamento com Deus em que todos somos parceiros e colaboradores. Eu recorri à afirmação bíblica: "Fomos criados à imagem de Deus."

Entendi que, se eu me visse como um ser indigno e à parte, estaria cometendo um sacrilégio, já que eu era uma criação de Deus. Ao reconhecer em mim um aspecto de Deus, estava sendo humilde e não egoísta. E continuei recebendo sinais nítidos de que eu era parte do processo de criação. Experimentei o fervor. Experimentei a alegria. Experimentei o apoio da própria Força de Deus.

Ao ler as escrituras e me dedicar a escrever, tive uma idéia interessante: com o crescimento da consciência de unidade em tantos milhões de pessoas estamos nos encaminhando para um "Pentecostes planetário" – um tempo em que as divisões entre as várias religiões vão acabar. Vai chegar ao fim a separação entre Deus e os homens. Todos vamos conhecer o Deus que existe dentro de nós. Eu percebi que a minha experiência de nascimento cósmico foi a previsão de um acontecimento planetário que virá se nos decidirmos todos pela integração no reino superior da consciência.

A solução para os nossos problemas de meio ambiente, fome, pobreza e injustiça vai chegar quando nos sentirmos todos como um só. Nossos problemas não podem ser resolvidos apenas através de meios lineares e materialistas. Com a nossa união, as novas tecnologias científicas deixarão de lado a corrida armamentista e a competição para se voltarem para o amor, a criatividade e a renovação de toda a vida em uma escala universal.

Embora eu tenha recebido muitas instruções sobre como estar em contato com Deus, a mensagem essencial é sempre a mesma: conscientização de que Cristo é o nosso Eu potencial e tomar Sua imagem como um espelho para nós. Como é que Ele vê a vida? Como sente? Como ama? Como cria a partir do nada?

Trazendo essa presença de luz para a minha vida, aos poucos transformei a sensação de separação na sensação de estar a caminho de me tornar uma co-criadora.

E em que consiste esse caminho? Primeiro, em meditar em silêncio pelo menos uma vez por dia. Organize um diário. No mais profundo silêncio e no mais completo relaxamento, peça que alguma coisa se revele – uma informação de Deus ou a resposta a alguma dúvida que você tenha. Espere com paciência. Dentro de algum tempo, vai sentir uma certeza íntima "borbulhando" dentro de você. Podem ser imagens, sentimentos, palavras... De qualquer modo, anote.

Você vai descobrir que a voz interna é capaz de fazer calar a sua mente crítica, linear, racional, permitindo que tome consciência do saber de Deus que está dentro de você.

A etapa seguinte é aprender a falar com as outras pessoas como a voz interior – que é a voz de Deus – fala com você. Um grupo pequeno é o que mais me ajuda atualmente. Nós nos encontramos unidos pelo desejo de criar alguma coisa positiva no mundo. Na segurança de um grupo pequeno, quando se ouve e se fala "de dentro", o nosso Eu Superior se revela.

A última etapa é aprender a trabalhar juntos, expressando em nossos atos essa profunda conexão com Deus. Eu acredito que a transformação do mundo está acontecendo para aqueles que querem crescer juntos, tornando-se expressões de Deus através de seu trabalho.

Uma interpretação do Novo Testamento adaptada ao século vinte e um é de que estamos vivendo um salto evolutivo, de criaturas individuais para uma humanidade universal que divide a tarefa da criação. Esse salto é citado no Novo e no Velho Testamento. Foi chamado de "a nova Jerusalém" e é descrito como um tempo além da dor, da separação e da morte. É para esse tempo que estamos caminhando. A nossa geração herdou o poder de que fala o Novo Testamento: o poder de destruir ou – se ficarmos alinhados com o desejo de Deus – desenvolver este mundo. O nosso tempo de transformação será em parceria apenas com um Ser cósmico que está sempre literalmente presente em todos nós. A transformação não será feita apenas através de meios temporais e materialistas.

Se todos os que acreditam que estamos conectados aos outros seres humanos, à natureza e a Deus se juntarem em um Pentecostes planetário, viveremos uma vida de transformação. Eu acredito em uma pacífica Segunda Vinda como solução para o mundo – não a Vinda em que pessoas serão destruídas, mas a Vinda em que Deus vai surgir suavemente em nossos corações e seremos todos transformados.

PALAVRAS FINAIS

Os colaboradores desta antologia repartem conosco a compreensão de que a nossa experiência de Deus é um processo que se revela continuamente. A cada dia recriamos o nosso relacionamento com Deus através de nossa fé e sobretudo pelas nossas ações. É um processo de nos permitirmos ver Deus refletido em todas as experiências da vida e em tudo que Ele criou, especialmente nós mesmos. Para alguns, um único acontecimento serve como catalisador que provoca uma transformação e desperta a dimensão espiritual. Para outros, o caminho é gradual e leva a vida inteira. Em qualquer caso, cada atividade, cada comunicação, cada acontecimento é uma reafirmação do nosso relacionamento pessoal com Deus.

Em vez de tentar definir Deus, devemos desenvolver em nós a capacidade de observar Deus atuando no dia-a-dia. Deus pode ser visto em volta de nós quando a nossa mente se acalma e abrimos o coração para a beleza que nos circunda. Deus não muda, Ele é o que é. O que muda é o nosso entendimento. Em um momento vemos Deus em uma criança; no momento seguinte, em um belo pôr-de-sol. Tudo que existe dentro de nós e ao nosso redor é um espelho de Deus.

Podemos considerar a possibilidade de que Deus não seja um ser separado, mas parte de nós. Como explicam os autores dos ensaios desta coletânea, Deus está sempre presente e não precisa ser "encontrado". Só precisamos afastar tudo que impede a nossa experiência de Deus. Não existe lugar ou momento em que Deus não esteja presente. Nós é que muitas vezes não tomamos consciência de Sua presença. Tanto podemos encontrar Deus dentro de nós quanto no que nos cerca.

Abraçar Deus é abraçar a nós mesmos e ao círculo de vida que nos rodeia. Cada um vai descobrir a melhor maneira de fazer isso, sempre baseado nessa convicção: Deus já está conosco. Os autores sugerem que podemos abraçar Deus pelo trabalho, pelo amor, pela presença, bondade, compaixão, humildade, prece, comunhão e gratidão. Não temos que esperar por um determinado momento ou pelo lugar certo para abraçar Deus. Basta simplesmente abrir espaço para que Ele entre em nossas vidas. Deus não está menos presente na flor do que na igreja ou na sinagoga. Não é por medo que abraçamos Deus, nem para obedecer a um dogma ou buscar uma recompensa, mas para tornar real a divindade de que somos parte e que é parte de nós. Assim, vemos que cada atividade se transforma em oração e que, através de nós, Deus está sempre presente.

Muitos caminhos levam à descoberta do que alguns chamam Deus, outros Dharma ou Verdade e outros ainda Grande Espírito. Os colaboradores sugerem que cada um chegue a essa descoberta através de suas próprias experiências interiores. As ferramentas para a descoberta de Deus, da verdade e do divino que sempre existiram para nós são muitas – concentrar-se para estar presente no agora, abrir o coração, suavizar as fronteiras do ego, tomar consciência de sentidos e emoções – e podem ser usadas a todo momento. Duas pessoas talvez não trilhem o mesmo caminho em busca da descoberta. No entanto, boa parte do chão pode ser compartilhada se nos abrirmos para as maravilhas e as belezas de Deus. Com tempo, o nosso conhecimento de Deus irá se expandindo até alcançar toda a humanidade, inclusive culturas e povos muito diferentes de nós. E ao empreender a nossa jornada individual vamos perceber que foi para isso que nascemos: para descobrir Deus, para descobrir a verdade, para descobrir a nós mesmos.

RICHARD CARLSON, PH.D.
BENJAMIN SHIELD, PH.D.

Sobre os colaboradores

Gerald Jampolsky, M.D.

Gerald Jampolsky, é psiquiatra, escritor e fundador do Center for Attitudinal Healing, que inaugurou em 1975 para dar apoio emocional a portadores de doenças graves. A lista dos livros que escreveu inclui o sucesso internacional *Amar É Libertar-se do Medo, Goodbye to Guilt e Love Is the Answer,* em que dividiu a autoria com sua mulher, Diane V. Cirincione. Seu mais recente trabalho é *Listen to Me,* que trata do relacionamento entre pais e filhos e foi escrito junto com seu filho, o psicólogo Lee Jampolsky. O Dr. Jampolsky é um renomado psiquiatra de adultos e crianças e já recebeu vários prêmios, inclusive o Caring Award, concedido às dez pessoas mais dedicadas dos Estados Unidos.

Marianne Williamson

Marianne Williamson é escritora e conferencista internacionalmente aclamada com trabalhos no campo da espiritualidade e do novo pensamento. Ensina os princípios básicos de *Um Curso em Milagres* e discute suas aplicações à vida. Três de seus livros ocuparam o primeiro lugar na lista dos mais vendidos do *The New York Times: O Valor da Mulher, A Return to Love e Illuminata.* Nascida em Houston, vem atuando profissionalmente como conferencista desde 1983, tanto nos Estados Unidos quanto no exterior. Trabalha com organizações de caridade que, em todo o país, se dedicam a atender portadores de doenças graves. Seu livro mais recente é *The Healing of America.*

Dalai-Lama

Sua Santidade o Dalai-Lama, Tenzin Gyatso, é chefe de Estado e líder espiritual do povo tibetano. Nasceu Lhamo Dhondrub em 6 de julho de 1935, em uma cidadezinha chamada Taktser, no nordeste do Tibet. Filho de camponeses, foi reconhecido aos dois anos, de acordo com a tradição tibetana, como a reencarnação de seu predecessor, o 13º Dalai-Lama, sendo então a encarnação de Avalokitesvara, o Buda da Compaixão. Em 1959, nove anos depois da invasão do Tibet pela China, exilou-se em Dharamsala, Índia, onde vive até hoje como chefe do governo tibetano no exílio. Numerosas instituições e universidades ocidentais já lhe concederam premiações e títulos honorários em reconhecimento a suas obras e à militância pela paz e pelos direitos humanos. Tem viajado por todo o mundo, rompendo barreiras religiosas, nacionais e políticas, falando sobre paz e compaixão. Recebeu o Prêmio Nobel da Paz em 1989.

Wayne Dyer, Ph.D.

O Dr. Wayne Dyer é um dos autores mais lidos no campo do desenvolvimento pessoal. É autor de onze livros, inclusive o campeão de vendas *Seus Pontos Fracos,* com mais de seis milhões de exemplares vendidos, *O Céu É o Limite* e *Pulling Over Your Own Strings.* Escreveu ainda *Crer para Ver, Sabedoria para Todos os Dias, What Do You Really Want for Your Children, No More Holiday Blues* (romance), *Gifts from Eykis, Real Magic, Your Sacred Self* e *Staying on the Path.* Seu mais recente trabalho é *Wisdom of the Ages.* Psicoterapeuta, Dyer tem doutorado em psicologia do aconselhamento. Tem feito conferências assistidas por milhares de pessoas e aparece regularmente no rádio e na televisão. O Dr. Dyer vive com a família no sul da Flórida.

Sue Bender

Ex-professora e terapeuta de família, Sue Bender é autora de sucesso e palestrante muito requisitada em todos os Estados Unidos. Durante os anos em que atuou como terapeuta de família, Bender fundou e dirigiu o CHOICE: The Institute of the Middle Years. Bender é autora de *Plain and Simple: A Woman's Journey to the Amish* (HarperSanFrancisco), que fez parte da lista dos mais vendidos do *The New York Times,* em que fala de suas experiências vivendo entre os Amish. Em *Everyday Sacred: A Woman's Journey Home* (HarperSanFrancisco), Bender conta seu esforço em trazer para a vida agitada da cidade a simplicidade e a alegria que experimentou junto aos Amish. Bender é ceramista consagrada e já teve trabalhos expostos em museus e galerias em todo o território norte-americano. Vive em Berkeley, Califórnia, com o marido Richard, e é mãe de dois filhos já adultos.

Howard Murphet

Howard Murphet foi jornalista, professor, revisor e escritor, além de ser o principal biógrafo de Sai Baba. Nascido em 1906 na Tasmânia, Austrália, participou como oficial do exército britânico das invasões da Sicília e da Itália, além das operações do Dia D na Normandia. Mais tarde, comandou a equipe de jornalistas britânicos na cobertura dos julgamentos de Nuremberg. A partir de 1964, Murphet viveu durante seis anos na Índia, onde estudou práticas espirituais Hindi e Ioga sob a orientação de Sachisai Baba. É autor de *Sai Baba, o Homem dos Milagres, When Daylight Comes: A Biography of Helena Petrovna Blavatsky, Trilhando o Caminho com Sai Baba* e *Sai Inner Views and Insights.*

Brooke Medicine Eagle

Brooke Medicine Eagle divulga a sabedoria dos índios norte-americanos, é cantora, comanda cerimônias, é ecologista e autora de *Buffalo Woman Comes Singing,* em que analisa rituais nativos, como a roda da medicina. Da tribo Lakota, criada na reserva Crow de Montana, é consultora e praticante de programação neurolingüística. Vive em Montana, em Flathead Valley, e é criadora de Eagle Song, uma série de acampamentos de orientação espiritual localizados em regiões afastadas. É criadora do FlowerSong Project, que estimula uma vida sustentável e ecologicamente segura sobre a Mãe Terra para as próximas sete gerações.

Rabino Harold Kushner, Ph.D.

Harold Kushner é rabino do Temple Israel, em Natick, Massachusetts, onde serve desde 1966. Sua obra mais conhecida é *Quando Coisas Ruins Acontecem a Pessoas Boas,* um sucesso internacional publicado pela primeira vez em 1981, traduzido para doze idiomas e selecionado pelo Book-of-the-Month Club como um dos livros que mais exerceram influência sobre os leitores nos últimos anos. Escreveu também *Quando Tudo Não É o Bastante,* ganhador do prêmio Christopher em 1987 por sua contribuição à exaltação do espírito humano, *When Chidren Ask About God, Quem precisa de Deus, To Life!* e o campeão de vendas *Quanto É Preciso Ser Bom.*

Barbara De Angelis, Ph.D.

Barbara De Angelis é uma das principais especialistas norte-americanas em relacionamento e altamente respeitada quando o assunto é desenvolvimento pessoal. Barbara é autora de cinco sucessos editoriais que já venderam mais de quatro milhões de exemplares e foram publicados em vinte idiomas. Seu primeiro livro, *How to Make Love All the Time,* foi um sucesso nos Estados Unidos. Os dois trabalhos seguintes, *Segredos sobre os Homens que Toda Mulher Deve Saber* e *Você É a Pessoa Certa para Mim?,* ficaram durante meses no primeiro lugar da lista dos mais vendidos do *The New York Times.* Seu quarto livro, *Real Moments,* também foi para a lista, seguido por *Real Moments for Lovers.* Durante dois anos, Barbara apareceu uma vez por semana na CNN falando sobre relacionamento. Tem seus próprios programas diários, um na CBS TV e outro em uma rádio de Los Angeles. Barbara fundou o Los Angeles Personal Growth Center e foi sua diretora executiva por doze anos. Atualmente, é presidente da Shakti Communications, Inc., responsável por produções e serviços de consultoria. Vive no sul da Califórnia com o marido, Dr. Jeffrey James, dois cães e um gato.

Padre William McNamara

O padre William McNamara nasceu em Providence, Rhode Island. Em 1944, tornou-se um monge carmelita descalço e, em 1951, foi ordenado padre católico romano. Desde então, o padre William vem fazendo conferências e presidindo retiros no Canadá, na Irlanda e nos Estados Unidos. Em 1960, depois de uma audiência com o Papa João XXIII, fundou o Spiritual Life Institute e instalou conventos em Sedona, no Arizona, e em Crestone, no Colorado. O padre William é autor de *Art of Being Human, The Human Adventure: The Art of Contemplative Living* e *Mystical Passion: The Art of Christian Loving.*

Thich Nhat Hanh

Uma rara combinação de místico, erudito e monge ativista, Thich Nhat Hanh nasceu em 1926 no Vietnam. Aos dezesseis anos, entrou para o mosteiro, tornando-se um dos mestres zen-budistas mais reconhecidos e amados no Ocidente. Um pioneiro do conceito de budismo engajado, chefiou a delegação budista para a paz durante a Guerra do Vietnam. Sua posição contrária à guerra lhe rendeu uma indicação do Dr. Martin Luther King, Jr. ao Prêmio Nobel da Paz, mas também o exílio de sua terra natal a partir de 1966. É autor de mais de vinte e cinco livros, inclusive *Para Viver em Paz* e *The Miracle of Mindfulness.* Seu recente sucesso *Vivendo Buda, Vivendo Cristo* analisa as similaridades das duas grandes figuras religiosas – Buda e Cristo – e suas tradições. Thich Nhat Hanh vive no exílio na França, onde comanda a Tiep Hien Order (Order of Interbeing).

Joseph Goldstein

Joseph Goldstein formou-se em filosofia em 1965 pelo Columbia College. Serviu durante dois anos como voluntário no Corpo de Paz em Bangkok, na Tailândia, quando veio a se interessar pelo budismo e pela meditação. A maior parte dos sete anos seguintes passou na Índia, estudando e praticando meditação Vipassana *(Insight).* Em 1976, foi um dos responsáveis pela fundação do Insight Meditation Center, em Barre, Massachusetts, onde é um dos professores orientadores residentes. Em 1984, continuou seus estudos sob a orientação do Ven. U Pandita Sayadaw, um dos grandes mestres de meditação de Burma. É autor de *The Experience of Insight: A Simple and Direct Guide to Buddhist Meditation.* Junto com Jack Kornfield, escreveu *Seeking the Heart of Wisdom: The Path of Insight Meditation.*

Shakti Gawain

Shakti Gawain é autora e palestrante de sucesso, reconhecida internacionalmente como condutora de *workshops* e líder do movimento de consciência mundial. É autora de muitos *best-sellers,* inclusive *Caminho de Transformação, Visualização Criativa,* com mais de dois milhões de exemplares vendidos, e *Living in the Light.*

Seu mais recente trabalho é *Creating True Prosperity.* Ajudou milhares de pessoas a entender, desenvolver e utilizar a intuição e a criatividade. Junto com o marido, Jim Burns, fundou a Nataraj Publishing e participou também da fundação da New World Library. Divide-se entre Mill Valley, Califórnia, e a ilha de Kauai, no Havaí.

Jean Shinoda Bolen, M.D.

Jean Shinoda Bolen é psicanalista jungiana e professora de psiquiatria da University of California. É palestrante de renome internacional, comanda *workshops* e é membro da American Psychiatric Association (APA). Foi uma das vinte e duas mulheres que, em 1986, ganharam o prêmio da Academia de Cinema pelo documentário antinuclear *Women – For America, For the World.* Entre os livros que escreveu estão: *The Tao of Psychology, Goddesses in Everywoman, Gods in Everyman, O Anel do Poder, O Caminho de Avalon* e *Close to the Bone: Life-Threatening Illness and the Search for Meaning.* Vive em Mill Valley, Califórnia, e trabalha em São Francisco.

Andrew Harvey

Andrew Harvey é conhecido como escritor, conferencista e professor. De nacionalidade inglesa, nasceu na Índia em 1952. Foi educado em Oxford e, em 1977, voltou à Índia, começando uma longa investigação espiritual, estudando e praticando misticismo hindu no *ashram* de Sri Aurobindo, além de buscar os ensinamentos do mestre budista tibetano Thuksey Rinpoche e do místico cristão e profeta Bede Griffiths. Voltando a dar aulas na Europa e nos Estados Unidos, Harvey continuou sua busca, estudando a fundo a literatura mística oriental e ocidental. É autor de duas biografias espirituais: *A Journey to Ladakh* e *Hidden Journey.* Suas interpretações e traduções da obra de Rumi, poeta místico sufi do século treze, foram publicadas em *Love's Fire, Speaking Flame, The Way of Passion, Light Upon Light* e *Love's Glory.* Harvey vive com o escritor e fotógrafo Eryk Hanut em Nevada.

Irmão David Steindl-Rast, Ph.D.

O irmão David Steindl-Rast tornou-se monge beneditino do Mount Saviour Monastery, no estado de Nova York, em 1953. Nascido em Viena, formou-se pela Vienna Academy of Fine Arts e pelo Psychological Institute da University of Vienna. Recebeu o pós-doutorado pela Cornell University. Depois de doze anos de treinamento formal em filosofia, teologia e de estudos sobre os 1.500 anos de tradição monástica beneditina, recebeu permissão para praticar meditação zen-budista com mestres budistas. Entre seus livros estão *Gratefulness, The Heart of Prayer, A Listening Heart* e *The Ground We Share: Everyday Practice, Bhuddist and Christian,* este último com Robert Aitken.

Anne Wilson Schaef, Ph.D.

Anne Wilson Schaef é conferencista mundialmente conhecida, escritora e ex-psicoterapeuta. Nos Estados Unidos, já participou de programas de rádio e televisão transmitidos para todo o país, além de palestras e conferências em convenções e universidades em vários países. É autora de numerosos livros, inclusive *The Addictive Organization, Beyond Therapy, Beyond Science: A New Model for Healing the Whole Person, Co-Dependence: Misunderstood, Mistreated, When Society Becomes an Addict, Women's Reality: An Emerging Female System in a White Male Society* e o sucesso de vendas *Meditations for Women Who Do Too Much.* Vive em Montana e no Havaí.

Huston Smith, Ph.D.

Huston Smith é considerado uma das mais expressivas e acessíveis autoridades em filosofia da religião comparada e história da religião. Sua carreira de professor, que inclui passagens por instituições como Washington University, M.I.T. e Syracuse University, sempre se voltou para a superação de abismos intelectuais: entre Oriente e Ocidente, entre ciência e humanidades, entre educação formal e educação popular. Sua obra clássica sobre religião comparada, *As Religiões do Mundo,* vendeu mais de dois milhões de exemplares.

Riane Eisler

Riane Eisler é aclamada internacionalmente por sua erudição, seus estudos sobre o futuro e pelo ativismo a que se dedica. Junto com o marido, o cientista social David Loye, dirige o Center for Partnership Studies em Pacific Grove, Califórnia. É uma historiadora cultural cuja abordagem multidisciplinar reúne o estudo da evolução, o feminismo, os direitos humanos e a militância pela paz. É autora do revolucionário trabalho de história e estudo sobre a mulher *O Cálice e a Espada: Nossa História, Nosso Futuro,* que vendeu mais de quinhentos mil exemplares e foi aclamado pelo antropólogo Ashley Montagu como "o livro mais importante desde *A Origem da Espécie* de Darwin". É autora também de *The Partnership Way,* com David Loye, e *O Prazer Sagrado: Sexo, Mito e a Política do Corpo.*

Marsha Sinetar

Psicóloga de empresas, Marsha Sinetar é uma pioneira na área de educação em que atua. Seus livros são utilizados em instituições de ensino, igrejas, reuniões de trabalho e sessões de aconselhamento. Seu trabalho é voltado para a dimensão espiritual do trabalho e do desenvolvimento do adulto. É autora de *Siga Sua Vocação que o Dinheiro Vem,* que chegou à marca de um milhão de exemplares vendidos, *To Build the Life You Want, Create the Work You Love: The Spiritual Dimension of Entrepreneuring, Developing a 21st Century Mind* e *Ordinary People As Monks and Mystics: Lifestyles for Self-Discovery.*

Hugh Prather

Hugh Prather, com sua mulher Gayle, é autor de doze livros, inclusive *Notes to Myself* (cuja tiragem já alcançou cinco milhões de exemplares), *Sobre o Amor e a Coragem, Spiritual Notes to Myself, A Book for Couples* e *Spiritual Parenting.* Foi chamado pelo *The New York Times* de "o Kahlil Gibran norte-americano" e considerado pela revista *New Realities* "um dos mais instigantes, profundos, inspiradores e espiritualizados autores do nosso tempo". Os Prather vivem em Tucson, Arizona, onde são pastores residentes da Igreja de São Francisco, a Foothills Methodist Church. Sua maior alegria são seus três filhos.

Madre Teresa

Madre Teresa se tornou conhecida em todo o mundo pelo altruísmo de seu trabalho com "o mais pobre dos pobres" em Calcutá, na Índia. Nasceu Agnes Boyaxhui em Skopje, hoje capital da Macedônia, em 1910. Madre Teresa ingressou no noviciado na Índia em 1928 e deu aulas no que atualmente chamamos de ensino médio por quase vinte anos. A partir de 1950, sua ordem, as Missionárias da Caridade, abriu mais de quinhentos centros espalhados pelo mundo, onde são atendidos enfermos e indigentes. Muitos dos mais importantes prêmios humanitários já foram concedidos a ela, inclusive a Medalha da Liberdade norte-americana, o Prêmio Albert Schweitzer das Nações Unidas e o Prêmio Nobel da Paz. Madre Teresa morreu em 1997.

Matthew Fox, Ph.D.

Matthew Fox é fundador e presidente da University of Creation Spirituality, em Oakland, Califórnia. É mais conhecido pela recuperação da tradição Creation Spirituality, que reúne ecologia, cosmologia, justiça e misticismo em uma teologia baseada na "bênção original". Fox é autor de vinte e dois livros sobre cultura e espiritualidade, inclusive *Original Blessing, Illuminations of Hildegard of Bingen, The Reinvention of Work* e *Confessions,* sua autobiografia espiritual. É Ph.D. em história e teologia da espiritualidade pelo Institut Catholique de Paris e foi padre dominicano. Desde 1994 é sacerdote episcopal. Em 1995 recebeu o Peace Abbey Courage of Conscience Award.

Reverendo Michael Beckwith

O reverendo Michael Beckwith é fundador e ministro do Agape International Center of Truth em Santa Mônica, Califórnia. A Agape Church é uma das maiores comunidades espirituais multiculturais dos Estados Unidos e se dedica à concretização da presença de Deus, do amor e da paz em nosso planeta. Além das palestras que faz aos domingos e quartas-feiras no Agape Center, o reverendo Michael viaja por vários países para fazer conferências, comandar *workshops* e organizar retiros para meditação. Em fevereiro de 1995, recebeu o título de Doutor em Divindade pela United Church of Religious Science. Em outubro de 1993, lançou *Inner Visions,* um folheto com meditações para todos os dias, com o apoio de Agape Licensed Practitioners. O reverendo Michael e a Agape Church receberam numerosos prêmios por suas realizações em desenvolvimento comunitário e trabalho humanitário.

Stephen Levine

Stephen Levine é poeta e professor de meditação orientada e técnicas de cura que têm encontrado ampla aplicação nos últimos vinte anos. Depois de intensa prática em meditação sob a orientação de um monge budista norte-americano, Levine publicou *Mindfulness Series* pela Unity Press. Há vinte anos, Levine e sua mulher Ondrea vêm trabalhando com doentes em estado terminal e pessoas em crise. É autor de vários livros de grande sucesso, inclusive *Who Dies?, Healing into Life and Death* e *Um Despertar Gradual.* É co-autor de *Grist for the Mill* (com Ram Dass) e de *Embracing the Beloved* (com sua mulher, Ondrea). Seu mais recente trabalho é *A Year to Live: How to Live This Year As If It Were Your Last.* Os Levine vivem ao norte do Novo México.

Barbara Marx Hubbard

Barbara Marx Hubbard é escritora, futuróloga, arquiteta social e conferencista. Passou os últimos trinta anos buscando soluções e pessoas que contribuam para um futuro criativo e sustentável. Durante os anos setenta e oitenta trabalhou no planejamento e produção de importantes conferências em que unia facções opostas para buscar soluções cooperativas, tal como a Soviet-American Citizen Summits, em que reuniu cidadãos soviéticos e norte-americanos para a elaboração de projetos conjuntos. Em 1984, seu nome foi indicado para a vice-presidência dos Estados Unidos por sua "campanha por um futuro positivo". É autora de *The Hunger for Eve, The Evolutionary Journey, Revelação: Uma mensagem de Esperança para o novo Milênio* e, mais recentemente, *Conscious Evolution: Awakening Our Social Potential.* Vive em Marin County, Califórnia.

Sobre os Organizadores

Richard Carlson, Ph.D.

O Dr. Richard Carlson é autor conhecido internacionalmente e já fez palestras sobre felicidade para milhares de pessoas. Entre seus livros destaca-se a série *Não Faça Temspestade em Copo d'Água.* Com Benjamin Shield, produziu *Os Caminhos do Coração e De Corpo e Alma.* O Dr. Carlson vive com a mulher e as filhas no norte da Califórnia.

Benjamin Shield, Ph.D.

O Dr. Benjamin Shield é terapeuta, educador e conferencista. Atende seus clientes em Los Angeles, Califórnia, e dá aulas e palestras nos Estados Unidos e Europa. É formado em bioquímica e biologia pela University of California e tem doutorado em ciência da saúde pela Boston University School of Medicine. Acredita que a cura e a espiritualidade têm denominadores comuns e são acessíveis a todos nós. É autor de inúmeros artigos sobre psicologia, cura e espiritualidade.

Outro título dos mesmos autores:

Os Caminhos do Coração

"Às vezes penso no balanço que vou fazer da minha vida em meus últimos dias. Duvido que nessa hora eu diga para mim mesmo 'devia ter passado mais tempo no escritório' ou 'droga, meu saldo bancário não foi tão alto quanto eu esperava'.

Sei que vou me perguntar: Quanto amor recebi na vida?

Como reparti meu amor? Quem me amou? A quem eu amei? Para a vida de quem eu tive importância? Tenho certeza de que minha única preocupação será: 'Terei ou não preenchido a minha vida com amor?'"

Richard Carlson

O que é o amor? Por que ele é tão fundamental para nossa felicidade? Como podemos encontrá-lo em suas múltiplas manifestações e conseguir expressá-lo, fazê-lo crescer e mantê-lo vivo?

Para responder estas perguntas, Richard Carlson e Benjamin Shield reúnem neste livro os mais consagrados escritores que, com suas diferentes visões do assunto, vão abrir sua percepção e mostrar de forma concreta como encher a sua vida de amor.

Conheça também os seguintes títulos da Editora Sextante:

Bradley Trevor Greive
– Um Dia "Daqueles" – Uma lição de vida para levantar o seu astral
– Querida Mamãe – Obrigado por tudo

Sua Santidade, o Dalai-Lama
– Uma Ética para o Novo Milênio
– O Caminho da Tranqüilidade
– Palavras de Sabedoria
– Minha Terra e Meu Povo
– O Livro de Dias – Mensagens de sabedoria e compaixão

David Niven
– Os 100 Segredos das Pessoas Felizes

David Colbert
– O Mundo Mágico de Harry Potter

Daniel Goleman
– A Arte da Meditação (acompanha CD com exercícios de meditação)

Philip Toshio Sudo
– Sexo Zen

Anita Diamant
– A Tenda Vermelha

Richard Galli
– Salvando Meu Filho

Rachel Naomi Remen
– As Bênçãos do Meu Avô

Gavin de Becker
– Como Proteger Seus Filhos

Tom Shroder
– Almas Antigas

Lawrence Katz e Manning Rubin
– Mantenha o Seu Cérebro Vivo

Jack Canfield, Mark Victor Hansen e Heather McNamara
– Histórias para Aquecer o Coração
– Histórias para Aquecer o Coração 2

Sylvia Browne
– O Outro Lado da Vida
– A Vida no Outro Lado

Domenico De Masi
– O Ócio Criativo
– A Economia do Ócio

Mitch Albom
– A Última Grande Lição

David Kundtz
– A Essencial Arte de Parar

James Van Praagh
– Conversando com os Espíritos
– Em Busca da Espiritualidade
– Em Busca do Perdão (acompanha CD com exercícios de meditação)
– A Força da Vida

Iyanla Vanzant
– Enquanto o Amor Não Vem
– Um Dia Minha Alma se Abriu por Inteiro
– Ontem, Eu Chorei

Allan e Barbara Pease
– Por que os Homens Fazem Sexo e as Mulheres Fazem Amor

Shirley MacLaine
– O Caminho – Uma jornada do espírito

Leonardo Boff
– A Oração de São Francisco
– Tempo de Transcendência (acompanha CD com palestra do autor)
– Espiritualidade (acompanha CD com palestra do autor)
– Fundamentalismo (acompanha CD com palestra do autor)

Louise Hay
– Meditações para a Manhã e a Noite (acompanha CD com exercícios de meditação)
– Meditações para a Saúde do Corpo e da Mente (acompanha CD com exercícios de meditação)
– Aprendendo a Gostar de Si Mesmo (acompanha CD)

Neale Donald Walsch
– Uma Amizade com Deus
– Comunhão com Deus

Informações sobre os próximos lançamentos

Para receber informações sobre os próximos lançamentos da Editora Sextante, queira entrar em contato com nossa Central de Atendimento, dando seu nome, endereço e telefone para:

Editora Sextante
Av. Nilo Peçanha, 155 – Gr. 301 – Centro
20020-100 – Rio de Janeiro – RJ
Tel.: (21) 2524-6760 – Fax: (21) 2524-6755
DDG: 0800-22-6306 (ligação gratuita)
E-mail: atendimento@esextante.com.br

Para saber mais sobre nossos títulos e autores, e enviar seus comentários sobre este livro, visite o nosso *site:*

www.esextante.com.br